Trainingspläne und Schritt-für-Schritt-Anleitungen

# EINFACHE HUNDEERZIEHUNG

## SCHRITT FÜR SCHRITT ERKLÄRT
## GRUNDERZIEHUNG & VERHALTEN ÄNDERN

*- Es werden keine Vorkenntnisse benötigt -*

**TEAM HUNDEERZIEHUNG MIT ERFOLG**

BRAINHAMSTER VERLAG

# Teil 1



# Teil 2

Einleitung

# Was und wie Sie aus diesem Buch lernen

Wir haben beim Schreiben dieses Buches besonderen Wert darauf gelegt, die Erziehung des Hundes Schritt für Schritt zu erklären.

Sowohl Anfänger als auch fortgeschrittene Hundebesitzer werden durch dieses Buch lernen,

- **die Grunderziehung Ihres Hundes einfach, schnell und erfolgreich durchzuführen,** und
- **wie Sie Ihrem Hund ein störendes oder problematisches Verhalten schnell und effektiv abgewöhnen können.**

Das gesamte Buch ist so aufgebaut, dass keinerlei Vorkenntnisse von Nöten sind, da jede einzelne Vorgehensweise schrittweise erklärt wird. Dabei wird auch auf häufige Stolpersteine eingegangen. Außerdem werden die einzelnen Themen von

- **Trainingsplänen** oder
- **Schritt-für-Schritt-Anleitungen** unterstützt,
- **in vielen Fällen auch von beidem.**

Als Erstes wird erklärt, wie die Hundeerziehung im Allgemeinen funktioniert. Dieses Grundlagenwissen ist notwendig, damit man erzieherische Erfolge bei seinem Hund erzielen kann. Denn bei der Verständigung zwischen Mensch und Hund kommt es immer wieder zu Missverständnissen, so dass viele Hunde sehr oft gar nicht verstehen können, was man ihnen eigentlich beibringen möchte.

Als Nächstes beschäftigt sich dieses Buch mit einigen Themen, die häufig zu wenig Beachtung finden, aber dennoch sehr wichtig sind, da sie zum Fundament einer guten Hundeerziehung gehören. Diese Themen sind zum Beispiel das richtige Belohnen oder ob Bestrafung wirklich notwendig ist.

Danach wird die Grunderziehung des Hundes behandelt. Sie ist die Grundlage einer jeden guten Hundeerziehung und macht den Unterschied zwischen einem kleinen Rabauken und einem gut erzogenen Hund aus, den man überallhin mitnehmen kann.

In der Grunderziehung werden dem Hund die Standardkommandos wie „Sitz“, „Platz“, „Hier“ usw. beigebracht. Jeder Hund sollte die Kommandos der Grunderziehung zuverlässig befolgen können, da es sonst zu Schwierigkeiten im Zusammenleben mit dem Hund kommen kann. Wie Sie Ihrem Hund die Befehle und Kommandos der Grunderziehung beibringen, wird ausführlich erklärt. Zudem werden Sie mit Schritt-für-Schritt-Anleitungen und Trainingsplänen sicher durch das Training geführt.

Ein weiteres wichtiges Thema in der Hundeerziehung ist die Problemlösung. Was tun, wenn der Hund etwas tut, womit er Sie oder seine Umgebung stört? Wie mit einem aggressiven Hund umgehen? Wie kann ich einem Hund helfen, der unter Angst leidet? Wir behandeln in diesem Buch die meisten Probleme, die im Laufe eines Hundelebens auftreten können. Auch bei der Problembehandlung werden Sie durch umfangreiche Erklärungen, Trainingspläne und Schritt-für-Schritt-Anleitungen unterstützt.

Grundlagen

# So funktioniert erfolgreiche Hundeerziehung

Hundeerziehung ist keine Magie oder mystische Hundeflüsterei, sondern funktioniert nach wissenschaftlich erwiesenen Methoden, mit denen man seinem Hund etwas beibringen oder sein Verhalten verändern kann. Das sollte so gleichberechtigt und partnerschaftlich wie möglich vonstattengehen und so, dass sowohl der Hundehalter als auch der Hund Spaß und Freude bei den Übungen haben. Das Gelingen der verschiedenen Trainingsziele darf dabei aber natürlich nicht zu kurz kommen.

Wenn Sie schon einige Erfahrungen mit verschiedenen Methoden der Hundeerziehung gemacht haben, werden Sie feststellen, dass eine positive und partnerschaftliche Erziehung zu den besten und schnellsten Ergebnissen führt.

## Erziehung ohne Bestrafung

Um es ganz klar zum Ausdruck zu bringen, wir raten dringend davon ab, Strafen oder Gewalt als Mittel zur Hundeerziehung einzusetzen.

Wird ein Hund für ein unerwünschtes Verhalten bestraft, wird er es möglicherweise in Zukunft unterlassen. Zumindest dann, wenn sein Besitzer in der Nähe ist. Ein Hund lernt nämlich durch die Bestrafung eine Tatsache mit Sicherheit, nämlich seinen Halter mit der Bestrafung in Verbindung zu bringen. So merkt sich der Hund, dass die Anwesenheit seines Besitzers für ihn unangenehm oder sogar schmerzhaft sein kann. Mit der Zeit bekommt der Hund Angst in der Gegenwart seines Halters. Das behindert im günstigsten Fall nur seine Fähigkeit zu lernen, im schlimmsten Fall kann es zu einer Veränderung seines Charakters führen.

Bestrafung ist auch deswegen kein geeignetes Mittel zur Erziehung, weil der Hund keine Anleitung bekommt, welches Alternativverhalten von ihm gewünscht wird. Er merkt zwar, dass er etwas Bestimmtes nicht tun soll, aber er weiß nicht, wie er sich stattdessen verhalten soll. Eine mögliche Folge davon ist, dass er anstelle der unerwünschten Verhaltensweise ein anderes, völlig willkürliches Verhalten zeigt. Das neue Verhalten kann unter Umständen sogar noch weniger willkommen sein, als das durch die Bestrafung korrigierte Fehlverhalten.

Hunde durch Bestrafung zu erziehen, ist außerdem sehr anstrengend, denn das unerwünschte Verhalten muss unmittelbar sofort und jedes Mal bestraft werden. Das bedeutet zwangsläufig, dass der Hundehalter seinen Hund ständig im Blick haben muss. Und die Strafe muss stark genug sein, um zu wirken. Alles in allem keine besonders schöne Art, mit einem Familienmitglied umzugehen.

Im Übrigen führt Bestrafung bei Hunden in vielen Fällen zu einer Steigerung der Aggressivität und einer Veränderung ihres Wesens. Hunde, deren Erziehung auf Bestrafung basiert, werden zudem häufig ängstlich und unsicher, was sich negativ auf ihr Sozialverhalten auswirken kann. Außerdem können sie ihrem Besitzer niemals vollständig vertrauen und stehen in seiner Gegenwart ständig unter Stress.

Abgesehen von diesen eher wissenschaftlichen Gründen, die gegen eine auf Bestrafung basierende Hundeerziehung sprechen, macht diese Art der Erziehung weder dem Halter noch dem Hund Freude. Schließlich möchte man gemeinsam mit seinem vierbeinigen Freund eine schöne Zeit verbringen.

## Mit Belohnung klappt‘s

Die Zeiten, als man Hunde durch Anbrüllen oder harte Strafen erzogen hat, sind zum Glück vorbei. Sehr viel einfacher durchzuführen und für beide Seiten mit viel mehr Freude verbunden, ist es, seinem Hund durch Belohnung, Lob und liebevolle Zuwendung beizubringen, was man von ihm möchte. Auf diese Weise geben Sie Ihrem Hund die Möglichkeit, ein intensives Vertrauensverhältnis zu Ihnen aufzubauen und Ihnen ein guter Gefährte zu sein.

Der Grundgedanke hinter dieser Art der Hundeerziehung ist, dass Hunde gerne auf Kommandos reagieren, wenn sie die Erfahrung machen, dass etwas Positives geschieht, wenn sie gehorchen. Diese Tatsache können Sie sich bei der Erziehung Ihres Hundes zu Nutze machen.

## Womit sollte man belohnen?

Ganz klar, an erster Stelle steht bei den meisten Hunden der Leckerbissen als Belohnung. Viele Hunde würden für ein Stückchen Tilsiter-Käse fast alles tun. Manche Hunde finden es aber auch ganz toll, mit einem Spiel belohnt zu werden.

Anfängern in der Hundeerziehung empfehlen wir, mit schmackhaften Leckerchen zu belohnen, denn das ist zunächst einfacher. Aus diesem Grund basieren die Anleitungen in diesem Buch auf dem Belohnen mit Leckerchen. Wenn Sie Ihren Hund jedoch nicht mit Leckerchen belohnen möchten, können Sie die Trainingspläne anpassen und die Belohnung nach Ihren Vorstellungen abändern und zum Beispiel mit Spielen oder Loben arbeiten.

**Achtung:** Mit der Gabe von Leckerchen kann man einen Hund sehr gut motivieren, aber man sollte auch darauf achten, dass es nicht zu viele werden, denn sonst wird der Hund dick. Außerdem funktionieren Leckerbissen als Belohnung nur mäßig, wenn der Hund satt ist. Daher sollte der Hund bereits während des Trainings an eine Lobphrase gewöhnt werden. In den Anleitungen und Trainingsplänen wurde dieses Vorgehen berücksichtigt.

## Wie belohnt man richtig?

Im Prinzip ist Belohnen ganz einfach. Immer wenn Ihr Hund etwas richtig gemacht hat, geben Sie ihm ein Leckerchen und sagen dabei eine von Ihnen zuvor ausgewählte Lobphrase. Die Lobphrase sollte immer dieselbe sein und nicht abgewandelt werden. Eine beliebte Lobphrase ist „Fein gemacht!", da sie im allgemeinen Sprachgebrauch kaum verwendet wird. Der Hund sollte sie nur dann zu hören bekommen, wenn er für etwas gelobt wird. Auf diese Weise vermeidet man, seinen Hund durch zu viele unterschiedliche Signale unnötig zu verwirren.

Bitte beachten Sie Folgendes, wenn Sie Ihren Hund belohnen:

### Belohnen Sie nur, wenn Ihr Hund eine Anweisung wirklich richtig ausgeführt hat

Geben Sie Ihrem Hund nur dann sein Leckerchen, wenn er alles richtig gemacht hat. Für falsch oder halb ausgeführte Befehle, darf er keine Belohnung bekommen. Das ist nicht immer einfach und es kann einem leicht einmal etwas durchgehen beim Training. Deswegen muss man seinen Hund immer ganz genau beobachten, um Fehler überhaupt zu bemerken. Wenn Ihr Hund zum Beispiel das Kommando „Sitz" zwar richtig ausführt, dabei aber sehnsüchtig einen Fahrradfahrer fixiert, den er gerne verfolgen möchte, dürfen Sie ihm keine Belohnung geben. Sie belohnen sonst die Lust, den Fahrradfahrer zu jagen. Der Hund muss Sie beim „Sitz" anschauen, nur dann gibt es eine Belohnung.

### Belohnen Sie nur, wenn Sie zuvor eine Anweisung gegeben haben

Belohnen Sie nur, wenn Ihr Hund eine Handlung auf Ihren Befehl hin ausgeführt hat. Wenn Ihr Hund ein Verhalten von alleine zeigt, ohne dass Sie es ihm befohlen haben, dürfen Sie ihm keine Belohnung dafür geben. Ihr Hund lernt sonst, dass Sie manipulierbar sind. Nehmen wir einmal an, Ihr Hund hat herausgefunden, dass Sie ihn immer mit einem Leckerchen belohnen, wenn er zu Ihnen kommt, auch ohne dass Sie ihm den Befehl „Hier" gegeben haben. Ihr Hund kommt deswegen regelmäßig zu Ihnen und holt sich sein Leckerchen ab. Aufgrund seiner großen Intelligenz hat Ihr Hund erkannt, dass er Sie manipulieren kann und Sie auf seine Forderung eingehen.

### Belohnen Sie immer sofort

Die Belohnung sollte innerhalb von einer Sekunde, nachdem der Hund den Befehl richtig ausgeführt hat, gegeben werden. Das ist wichtig, denn wenn Sie zu lange warten, weiß der Hund nicht mehr, wofür er eigentlich belohnt wird. Hunde können sich eine Handlung nämlich nicht annähernd so lange merken wie wir Menschen.

Außerdem beginnt der Hund, aus seiner Sicht, sofort nachdem er die eine Handlung ausgeführt hat, gleich wieder eine neue. Bekommt er die Belohnung erst, wenn er bereits etwas Anderes tut, denkt er, er wird für die neue Handlung belohnt. Diese neue Handlung kann etwas ganz Banales sein, wie zum Beispiel das Betrachten eines Vogels. Wird der Hund zu spät belohnt, würde er in diesem Fall daraus schlussfolgern: „Ah, Herrchen findet es gut, dass ich den Vogel betrachte und darüber nachdenke, wie ich ihn am besten fangen kann."

Ein häufiger Fehler vieler Hundehalter ist auch, den Hund, wenn er etwas richtig gemacht hat, erst einmal zu sich heran zurufen und ihn erst dann zu belohnen. In diesem Fall glaubt der Hund natürlich, er wurde für das Herankommen belohnt und nicht für seine ursprüngliche Handlung. Positiv daran ist immerhin, dass der Hund so zumindest den Rückruf perfekt befolgen lernt.

Aus diesen Gründen sollten Sie das Belohnungsleckerchen immer sofort parat haben. Wenn Sie erst lange in der Tasche suchen müssen, bis Sie Ihrem Hund die Belohnung geben können, ist es zu spät.

### Während Sie das Leckerchen geben, sollten Sie auch gleichzeitig stimmlich loben

Zum Loben sollten Sie immer die gleiche Lobphrase verwenden, zum Beispiel „Fein gemacht!". So kann sich Ihr Hund die Worte leichter merken und sie auch wiedererkennen. Er wird mit der Zeit die Lobphrase, genauso wie sein Belohnungsleckerchen, als Bestätigung dafür verstehen, dass er etwas richtig gemacht hat. Wenn Ihr Hund im Laufe seines Trainings die jeweilige

Übung oder ein bestimmtes Kommando nach einiger Zeit beherrscht, sollten Sie Ihren Hund nicht mehr jedes Mal mit einem Leckerbissen belohnen. Sie können ihm dann lediglich durch das Ausrufen der Lobphrase und, wenn Sie möchten, durch zusätzliches Streicheln vermitteln, dass er seine Sache gut gemacht hat.

**Leckerchen mit der Zeit reduzieren**

Mit der Zeit sollten Sie die Leckerchen am besten Schritt für Schritt absetzen. Geben Sie Ihrem Hund dann nur noch jedes zweite Mal ein Leckerchen, aber sagen Sie jedes Mal die Lobphrase und streicheln Sie ihn zur Belohnung. Später jedes dritte Mal, dann jedes vierte Mal, bis Sie irgendwann nur noch selten Leckerchen geben.

Wenn Sie feststellen, dass Ihr Hund die Übungen oder Kommandos nicht mehr zu Ihrer Zufriedenheit bewältigt, dann haben Sie die Gabe von Leckerchen möglicherweise zu früh reduziert. Sie sollten die Leckerchen dann wieder häufiger geben.

# Die richtige Trainingsumgebung schaffen

Die richtige Trainingsumgebung ist eine überaus wichtige Voraussetzung für den Erfolg bei der Hundeerziehung. Ist ein Hund beispielsweise zu stark abgelenkt oder durstig während des Trainings, kann er sich nicht richtig konzentrieren und demzufolge nicht richtig lernen. Deswegen sollten Sie vor jeder Übung die richtige Trainingsumgebung schaffen. Dabei gibt es einige Grundregeln, die Sie beachten sollten, wobei nicht entscheidend ist, ob Sie Ihren Hund grunderziehen oder eine spezifische Verhaltensweise korrigieren möchten.

## Vorbereitung auf das Training

Wird Ihr Hund bei den Übungen mit Leckerbissen belohnt, sollten Sie darauf achten, dass er nicht satt ist, wenn Sie mit dem Training beginnen. Wenn Sie im Freien üben, lassen Sie Ihren Hund erst einmal die Umgebung erkunden und überschüssige Energie loswerden, bevor Sie mit ihm üben. Das erleichtert ihm die Konzentration.

Ihr Hund sollte immer genug zu trinken haben, sowohl in der Wohnung als auch beim Üben im Freien. Besonders bei warmen Wetter kann Durst seine Konzentration beim Lernen mindern.

## Die richtige Atmosphäre zum Üben

Es ist wichtig, dass Sie mit Ihrem Hund nicht unter stressigen Bedingungen üben. Stress behindert den Lernprozess. Auf folgende Punkte sollten Sie daher beim Üben achten:

- Zeigen Sie keine Aggressivität oder Ungeduld gegenüber Ihrem Hund. Ihr Hund möchte alles richtig machen. Er weiß halt nur noch nicht so genau, was er tun soll.

- Benutzen Sie keine Hilfsmittel, die Schmerzen erzeugen. Das macht Ihrem Hund Angst und Angst ist kein guter Lehrer.

- Überfordern Sie Ihren Hund nicht. Üben Sie lieber öfter und dafür jedes Mal kurz. Wenn Ihr Hund unkonzentriert wird, spielen Sie eine Weile mit ihm und üben Sie zu einem anderen Zeitpunkt weiter. Spielen ist sehr gut dazu geeignet, Stress bei Ihrem Hund abzubauen.

- Suchen Sie sich einen Platz, an dem Sie und Ihr Hund ungestört sind. Wenn Ihr Hund durch andere Artgenossen oder zu viel Lärm abgelenkt wird, kann er sich nicht auf die Übungen konzentrieren.

- Bei fortgeschrittenen Lernerfolgen werden manche Übungen mit Absicht unter Ablenkung durchgeführt. Aber am Anfang sollten Störungen vermieden werden.

# Teil 1

# Die Grunderziehung

Grunderziehung

# Die Grunderziehung Schritt für Schritt

Bei der Grunderziehung des Hundes ist es das Ziel, dass er Kommandos wie „Sitz", „Platz", „Bleib" und „Hier" zuverlässig auszuführen lernt. Außerdem gehören dazu noch Fähigkeiten wie das „Gehen an der lockeren Leine" oder die Stubenreinheit.

Die Grunderziehung ist im Endeffekt all das, was Ihr Hund im Alltag können sollte, um zufrieden und gefahrlos in der menschlichen Gemeinschaft zu leben.

Die Kommandos der Grunderziehung lehren wir nach einem einfachen Stufensystem:

## Stufen der Grunderziehung

Stufe 1: Zunächst einmal bringt man seinem Hund den jeweiligen Befehl zuhause bei, ohne dass er dabei abgelenkt oder gestört wird.

Stufe 2: Beherrscht der Hund dieses Kommando zuhause zuverlässig, wird außerhalb der Wohnung geübt, aber in einer ablenkungsfreien Umgebung.

Stufe 3: Erst wenn der Hund Stufe zwei erfolgreich absolviert hat, wird mit Ablenkung trainiert. Dabei wird der Grad der Ablenkung kontinuierlich gesteigert, bis der Hund die Befehle sicher und zuverlässig in allen Lebenslagen ausführen kann.

Es ist wichtig, an unterschiedlichen Orten mit verschieden Schwierigkeitsgraden zu trainieren, damit der Hund den jeweiligen Befehl nicht mit der Umgebung assoziiert. Er könnte sonst auf die Idee kommen, dass er das Kommando „Sitz“ beispielsweise nur zuhause ausführen soll und es an einem anderen Ort nicht gilt.

Bringen Sie Ihrem Hund jeweils immer nur einen Befehl bei. Erst wenn der Hund zum Beispiel den Befehl „Sitz“ in verschiedenen Situationen gut beherrscht, sollten Sie mit dem Kommando „Platz“ weiter machen, danach mit „Bleib“ und dann mit „Hier“ und so weiter.

Später, wenn er alle Befehle gut befolgt, können Sie die Kommandos mischen. Der Hund weiß dann nicht, welchen Befehl Sie ihm als Nächstes geben und das Training bleibt spannend für ihn.

Auch wenn Sie nach einiger Zeit das Gefühl haben, Ihr Hund beherrscht nun alle Befehle sehr gut, sollten Sie jeden Tag ein paar kurze Trainingseinheiten mit ihm machen. Das hält seine Erinnerung frisch, fördert den Gehorsam Ihres Hundes und gibt ihm eine Aufgabe, die ihn intellektuell fordert. Variieren Sie dabei die Orte und die Schwierigkeitsgrade.

Es hat sich als sehr erfolgreich erwiesen, die Kommandos in den Alltag zu integrieren und den Hund vor jeder Aktivität, sei es Füttern, Gassi gehen, Halsband und Leine anlegen, Leine abmachen, Fellpflege, Pfoten abwischen oder was immer gerade getan werden soll, einen der Befehle aus der Grunderziehung ausführen zu lassen, oft ist der Befehl „Sitz“ dabei sehr nützlich.

Man schlägt auf diese Weise gleich mehrere Fliegen mit einer Klappe. Weil Hunde sehr viele Wiederholungen brauchen, bis ihnen ein Befehl in Fleisch und Blut übergeht, geschieht das Üben ganz automatisch und für seinen Halter ist es einfacher, das tägliche Pensum an Wiederholungen einzuhalten.

Zusätzlich wird der Hund zufriedener, denn er wird gefordert. Er merkt, dass er etwas leisten muss, bevor er etwas bekommt. Das hält ihn beschäftigt und aufmerksam.

Ein ganz großer Vorteil dieser Methode ist, dass die Gehorsamkeit des Hundes auf diese Weise verbessert wird. Gerade bei dominanten Hunden kann durch konsequentes Einbauen der Befehle in das Alltagsleben eine wesentliche Verbesserung im Verhalten erzielt werden.

# Ein Kommando beenden – das Abschlusskommando

Bevor Sie mit der Grunderziehung beginnen, sollten Sie sich zuerst einmal ein Abschlusskommando überlegen, mit dem Sie einen Befehl immer beenden. Dieses Abschlusskommando sollte immer gleich sein, unabhängig welchen Befehl Sie gegeben haben. Ihr Hund sollte nämlich von Anfang an daran gewöhnt werden, einen Befehl immer so lange weiterzuführen, bis Sie ihn daraus entlassen. Wenn Sie ihm zum Beispiel „Sitz" befohlen haben, dann sollte Ihr Hund so lange sitzen bleiben, bis Sie ihm durch das Abschlusskommando zu verstehen geben, dass er aufstehen darf.

Falls Ihr Hund eine Übung beendet, bevor Sie das Abschlusskommando gegeben haben, sollten Sie diese Übung noch einmal mit ihm machen. Geben Sie das Abschlusskommando dann etwas eher.

Das Abschlusskommandos fördert die Zuverlässigkeit Ihres Hundes bei der Ausführung der Befehle.

Es sollte immer das gleiche Wort sein, damit Ihr Hund nicht verwirrt wird. Wählen Sie ein Wort, dass im alltäglichen Sprachgebrauch nicht so häufig vorkommt. Ein Begriff, den wir mehrmals täglich in einem anderen Kontext verwenden, ist nicht brauchbar. Das Wort „Auf" eignet sich recht gut zum Beenden einer Übung, da es im Alltag selten verwendet wird.

Es erfordert etwas Routine, das Abschlusskommando nicht zu vergessen, aber mit der Zeit geht es in Fleisch und Blut über.

# Lektion 1: Auf den eigenen Namen hören

Der erste Schritt bei der Grunderziehung ist, dem Hund beizubringen, auf seinen Namen zu hören. Hunde können das verständlicherweise nicht von Natur aus. Sie müssen erst einmal begreifen, dass sie damit gemeint sind, wenn ihr Halter eine ganz bestimmte Folge von Lauten von sich gibt. Manche Hunde lernen das im Laufe der Zeit von ganz allein, anderen muss man es erst einmal beibringen.

Das ist auch der Grund, warum viele Hunde nicht auf die Befehle ihrer Halter hören. Sie fühlen sich gar nicht angesprochen. Ein Hund, der seinen Namen nicht kennt, kann auch nicht auf ihn hören.

Die Fähigkeit, auf den eigenen Namen zu hören, ist auch sehr nützlich, wenn Sie Ihren Hund einmal in einer schwierigen Situationen kontrollieren möchten, denn ein Hund, der sich gerade auf seinen Halter konzentriert, kann schlecht etwas anderes in dieser Zeit machen. Deshalb sollten Sie diese Übung auch später, wenn Ihr Hund bereits alle Befehle, die er noch lernen wird, sehr gut beherrscht, immer wieder einmal in die täglichen Übungen mit einflechten.

## Ziel der Lektion

Wenn Sie den Namen Ihres Hundes rufen, soll er Sie direkt ansehen. Direktes Ansehen bedeutet, dass er Ihnen in die Augen sieht. Manche Hunde haben Probleme damit, anderen in die Augen zu sehen. Dann zwingen Sie ihn nicht und lassen Sie ihn einen anderen Punkt in Ihrem Gesicht oder an Ihrem Körper ansehen.

## Übungsanleitung

Die Lektion 1, „Auf den eigenen Namen hören“, ist in sechs einzelne Übungen unterteilt. Dabei ist die grundsätzliche Vorgehensweise wie folgt: Nehmen Sie ein Leckerchen in die Hand und rufen Sie den Namen Ihres Hundes. Wahrscheinlich wird der Hund auf das Leckerchen schauen und nicht auf Sie. Rufen Sie weiterhin seinen Namen, bis er seinen Kopf dreht und Ihnen direkt in die Augen schaut. Belohnen Sie ihn sofort dafür, indem Sie ihm ein Leckerchen geben und ihn mit der von Ihnen gewählten Lobphrase loben.

Mit Hilfe eines Trainingsplans, den Sie am Ende der Lektion finden, werden Sie durch die einzelnen Übungen geführt.

# Fehler bei der Ausführung

Falls Ihr Hund an Ihrer Hand hochspringt, um an das Leckerchen zu kommen, nehmen Sie die Hand an den Körper und drehen Sie sich um, bis er aufhört zu springen. Ignorieren Sie ihn dabei. Ignorieren bedeutet, dass Sie ihn nicht anschauen oder ansprechen. Tun Sie einfach so, als wäre er gar nicht anwesend. Wenn Ihr Hund wieder ruhig geworden ist, können Sie mit der Übung weitermachen.

*Worauf Sie achten sollten*

*Benutzen Sie den Namen Ihres Hundes immer in einem positiven Zusammenhang.*

*Er soll die Erfahrung machen, dass etwas Angenehmes für ihn in Aussicht steht, wenn er seinen Namen hört.*

*Sie sollten den Namen Ihres Hundes nie benutzen, wenn Sie ihm etwas verbieten oder mit ihm schimpfen wollen.*

# Training

Bevor Sie üben, sollte Ihr Hund die Gelegenheit bekommen, sich ein wenig auszutoben. Es ist schwierig, etwas zu lernen, wenn man gerade unbedingt einmal „Gassi" muss oder vor Energie strotzt, weil man zuvor ein ausgiebiges Frühstück genossen hat.

Wenn Ihr Hund alle Übungen beherrscht, können Sie anfangen, die Schwierigkeitsgrade von einfach bis schwer zu variieren. Entwickeln Sie ruhig Eigenkreativität, was den Ort betrifft, an dem Sie mit Ihrem Hund üben. Wichtig ist nur, dass der Ablenkungsgrad sich langsam steigert.

Wenn Sie das Gefühl haben, Ihr Hund ist zu sehr abgelenkt, üben Sie lieber an einem etwas ruhigeren Platz weiter und heben Sie den Ablenkungsgrad erst wieder an, wenn Ihr Hund gelernt hat, sich besser zu konzentrieren. Es ist wichtig, dass Ihr Hund sich bei den Übungen vollkommen auf Sie konzentriert, da er sonst etwas Falsches lernt.

## Trainingsplan

Die einzelnen Übungen des nachfolgenden Trainingsplans bauen aufeinander auf. Wenn Ihr Hund eine Übung gut kann, können Sie zur nächsten übergehen.

Es ist wichtig, dass Sie Ihren Hund nicht überfordern. Mehrere kurze Trainingseinheiten täglich sind viel effektiver als eine lange. Nach etwa fünf Minuten sollten Sie eine kleine Pause einlegen. Wenn Sie merken, dass Ihr Hund unkonzentriert wird oder sich leicht ablenken lässt, sollten Sie eine längere Pause einlegen.

# Trainingsplan - Auf den eigenen Namen hören

## Übung 1

| | |
|---|---|
| Was? | Nehmen Sie gut sichtbar für Ihren Hund ein Leckerchen in die rechte Hand und strecken Sie den Arm zur Seite aus. Rufen Sie jetzt den Namen Ihres Hundes.<br>Sobald er Sie direkt ansieht, belohnen Sie ihn mit einem Leckerchen und loben ihn. |
| Wo? | Zuhause, ohne Ablenkung |
| Wie oft? | 5 - 10 Wiederholungen, danach eine kurze Pause |
| Erklärung | Ihr Hund lernt auf diese Weise, dass etwas Angenehmes geschieht, wenn er seinen Namen hört. Wenn er Ihnen seine Aufmerksamkeit schenkt, wird er dafür belohnt. |

## Übung 2

| | |
|---|---|
| Was? | Nehmen Sie gut sichtbar für Ihren Hund ein Leckerchen in die linke Hand und strecken Sie den Arm zur Seite aus. Rufen Sie jetzt den Namen Ihres Hundes.<br>Sobald er Sie direkt ansieht, belohnen Sie ihn mit einem Leckerchen und loben ihn. |
| Wo? | Zuhause, ohne Ablenkung |
| Wie oft? | 5 - 10 Wiederholungen, danach eine kurze Pause |
| Erklärung | Durch die Variation der Hand intensiviert sich das bisher Gelernte. |

## Übung 3

| | |
|---|---|
| Was? | Nehmen Sie ein Leckerchen in die Hand und verstecken Sie die Hand hinter dem Rücken. Rufen Sie jetzt den Namen Ihres Hundes.<br>Sobald er Sie direkt ansieht, belohnen Sie ihn mit einem Leckerchen und loben ihn. |
| Wo? | Zuhause, ohne Ablenkung |
| Wie oft? | 5 - 10 Wiederholungen, danach eine kurze Pause |
| Erklärung | Ihr Hund soll lernen, Ihnen unter unterschiedlichen Bedingungen seine Aufmerksamkeit zu schenken. Wichtig ist, dass Sie ihn nur belohnen, wenn er Sie direkt ansieht. |

## Übung 4

| | |
|---|---|
| Was? | Nehmen Sie ein Leckerchen in die Hand und verstecken Sie die Hand hinter dem Rücken. Rufen Sie jetzt den Namen Ihres Hundes.<br>Sobald er Sie direkt ansieht, belohnen Sie ihn mit einem Leckerchen und loben ihn. |
| Wo? | Beim Gassigehen, ohne Ablenkung |
| Wie oft? | 5 - 10 Wiederholungen, danach eine kurze Pause |
| Erklärung | Ihr Hund soll lernen, Ihnen in unterschiedlichen Umgebungen seine Aufmerksamkeit zu schenken. Wichtig ist, dass Sie ihn nur belohnen, wenn er Sie direkt ansieht. |

## Übung 5

| | |
|---|---|
| Was? | Nehmen Sie ein Leckerchen in die Hand und verstecken Sie die Hand hinter dem Rücken. Rufen Sie jetzt den Namen Ihres Hundes.<br>Sobald er Sie direkt ansieht, belohnen Sie ihn mit einem Leckerchen und loben ihn. |
| Wo? | Beim Gassigehen, mit Ablenkung |
| Wie oft? | 5 - 10 Wiederholungen, danach eine kurze Pause |
| Erklärung | Ihr Hund soll lernen, Ihnen trotz Ablenkung seine Aufmerksamkeit zu schenken. Wichtig ist, dass Sie ihn nur belohnen, wenn er Sie direkt ansieht. |

## Übung 6

| | |
|---|---|
| Was? | Nehmen Sie ein Leckerchen in die Hand und verstecken Sie die Hand hinter dem Rücken. Rufen Sie jetzt den Namen Ihres Hundes.<br>Sobald er Sie direkt ansieht, warten Sie kurz (1 - 2 Sekunden). Belohnen und loben Sie ihn, wenn er den Blick gehalten hat. |
| Wo? | Anfangs zuhause, später in unterschiedlicher Umgebung |
| Wie oft? | 5 - 10 Wiederholungen, danach eine kurze Pause |
| Erklärung | Ihr Hund soll lernen, Ihnen etwas länger in die Augen zu sehen. Wichtig ist, dass Sie ihn nur belohnen, wenn er Sie die ganze Zeit über direkt ansieht. |

# Lektion 2: Sitz

Sich auf Befehl hinzusetzen, ist ein Grundkommando, das Ihr Hund unbedingt lernen sollte. Leider versäumen viele Hundebesitzer, Ihrem Hund den Befehl „Sitz“ richtig beizubringen.

Dabei ist dieser Befehl ganz besonders nützlich. Er kann Ihren Hund oder seine Umwelt schützen, weil Sie ihn anwenden können, wenn eine schwierige Situation entsteht. Außerdem hebt das Kommando das Selbstbewusstsein des Hundes, weil er es leicht richtig machen kann und dafür belohnt wird.

Sie sollten großen Wert darauf legen, dass Ihr Hund diesen Befehl vollständig beherrscht. Darum sollten Sie ihn auch dann noch regelmäßig mit ihm üben, wenn Ihr Hund ihn bereits perfekt ausführen kann. So geht ihm der Befehl „Sitz“ in Fleisch und Blut über und er vergisst ihn nicht so leicht wieder. Ihr Hund soll nämlich lernen, dem Befehl „Sitz“ in jeder Situation Folge zu leisten.

Um den Befehl immer in seinem Gedächtnis frisch zu halten, sollten Sie den Befehl einfach in den Tagesablauf integrieren. Lassen Sie Ihren Hund zum Beispiel immer Sitz machen, bevor Sie die Leine an seinem Halsband befestigen oder am Bürgersteig, bevor Sie mit ihm die Straße überqueren, bevor Sie ihm seinen Futternapf hinstellen oder auch, bevor Sie auf der Wiese Stöcklein schmeißen. Im täglichen Leben werden Sie noch viel mehr Situationen bemerken, bei denen Sie es angenehm finden werden, Ihren Hund erst einmal in eine Ruheposition zu bringen, bevor eine Aktivität ausgeführt wird. Außerdem sollten Sie Ihrem Hund auch ohne Grund zwischendurch einmal den Befehl „Sitz“ geben. Beenden Sie den Sitz-Befehl immer mit dem Abschlusskommando.

Wir haben den Trainingsplan für das Kommando „Sitz“ besonders ausführlich gestaltet, damit Ihr Hund lernt, diesen Befehl unter den unterschiedlichsten Bedingungen auszuführen.

## Ziel der Lektion

Wenn Ihr Hund den Befehl „Sitz“ bekommt, soll er sich hinsetzen. Das bedeutet, dass sein Hinterteil und seine Vorderpfoten gleichzeitig den Boden berühren. Die vorderen Beine bleiben dabei gestreckt. Außerdem soll er Sie ansehen, wenn er sich in der Sitz-Position befindet. Er soll so lange sitzen bleiben, bis Sie ihm das Abschlusskommando geben. Dann darf er den Befehl beenden.

## Übungsanleitung

Die Lektion zwei, „Sitz“, ist in sechs einzelne Übungen unterteilt. Dabei ist die grundsätzliche Vorgehensweise wie folgt:

- Nehmen Sie ein Leckerchen, das Ihr Hund ganz besonders gerne mag, zwischen Mittelfinger und Daumen Ihrer Hand. Strecken Sie den Zeigefinger nach vorne weg. Der ausgestreckte Zeigefinger ist in Zukunft das Sichtzeichen für den Befehl „Sitz“.

- Rufen Sie Ihren Hund bei seinem Namen.

- Wenn der Hund vor Ihnen steht, halten Sie die Hand mit dem Leckerbissen direkt über seine Nase. Bewegen Sie dann die Hand langsam über den Kopf des Hundes nach hinten. Gehen Sie bei kleinen Hunden in die Hocke.

- Ihr Hund wird versuchen, Ihrer Hand mit seiner Nase zu folgen. Dabei wird er seine Hinterbeine einknicken und in eine sitzende Position kommen. In dem Moment, wo das Hinterteil des Hundes den Boden berührt, sagen Sie „Sitz“ und geben ihm gleichzeitig seine Belohnung. Loben Sie ihn ausgiebig.

Nach einiger Zeit wird Ihr Hund den Befehl „Sitz“ sowie den ausgestreckten Zeigefinger mit der Erkenntnis verknüpfen, dass er sich hinsetzen soll. Dann brauchen Sie ihn natürlich nicht mehr mit einem Leckerbissen in die sitzende Position zu locken. Wenn Ihr Hund diese Lernstufe erreicht hat, dann rufen Sie ihn nur noch bei seinem Namen und sagen „Sitz“, wobei Sie gleichzeitig den Zeigefinger ausstrecken. Sobald sein Hinterteil den Boden berührt, bekommt er seine Belohnung.

Das Zeigefinger-Sichtzeichen ist sehr nützlich, um Ihrem Hund über eine Entfernung hinweg den Befehl „Sitz“ zu geben. Außerdem ist es für Hunde erheblich leichter, Kommandos zu verstehen, wenn diese mit einem Sichtzeichen verknüpft sind.

Mit Hilfe eines Trainingsplans, den Sie am Ende der Lektion finden, werden Sie durch die einzelnen Übungen geführt.

# Fehler bei der Ausführung

Falls Ihr Hund nach dem Leckerchen springt, haben Sie die Hand über seiner Schnauze zu hoch gehalten. Sie sollten dann beim nächsten Mal die Hand einfach etwas tiefer halten, am besten direkt über seiner Nase.

Steht Ihr Hund aus dem „Sitz" wieder auf, um das Leckerchen zu nehmen, dürfen Sie es ihm nicht geben. Das Leckerchen darf er nur bekommen, wenn sein Hinterteil auf dem Boden ist, sonst lernt er etwas Falsches.

Grundsätzlich gilt immer: Wenn Ihr Hund eine Übung falsch macht, ist das kein Beinbruch. Das gehört zum Lernen schließlich dazu. Aber geben Sie ihm dann auf keinen Fall den Leckerbissen und belohnen oder streicheln Sie Ihren Hund auch nicht.

Das klingt vielleicht hartherzig, aber nur so können Sie Ihrem Vierbeiner verständlich machen, was er tun soll. Denn wenn Sie Ihrem Hund die Belohnung auch dann geben, wenn er die Übung falsch ausgeführt hat, wird er nicht verstehen können, was von ihm verlangt wird. Die Belohnung soll Ihrem Hund ja die Bestätigung geben, dass er etwas richtig gemacht hat.

Bekommt Ihr Hund sein Leckerchen zu jeder Gelegenheit, lernt er, dass er sich nicht besonders anzustrengen braucht, um Erfolg zu haben. Das wiederum wirkt sich negativ auf seine Gehorsamkeit aus.

Wenn Ihr Hund die Übung nicht richtig gemacht hat, machen Sie sie einfach noch einmal mit ihm.

Ein sehr häufiger Fehler: Ihr Hund soll lernen, so lange sitzen zu bleiben, bis Sie ihm das Abschlusskommando geben. Steht er auf, bevor Sie ihn mit dem Abschlusskommando aus dem Befehl entlassen, dürfen Sie ihm kein Leckerchen geben. Machen Sie die Übung dann noch einmal von vorn.

### Worauf Sie achten sollten

Sie sollten dem Hund nicht das Hinterteil mit der Hand auf den Boden drücken, um ihn in die richtige Position zu bringen. Er könnte das möglicherweise missverstehen und jedes Mal darauf warten, dass Sie ihn in die Sitz-Position drücken, wenn Sie das Sitz-Kommando geben.

Verwenden Sie immer den gleichen Befehl und das gleiche Sichtzeichen. Sagen Sie zum Beispiel nicht manchmal „Sitz" und manchmal „Setz dich hin". Das verwirrt Ihren Hund und er kann das Kommando nicht richtig lernen.

Schimpfen Sie niemals mit Ihrem Hund, wenn er die Übung nicht richtig macht. Er soll das Kommando „Sitz" unbedingt mit etwas Positivem verbinden.

Selbst wenn Ihr Hund den Befehl „Sitz" bereits sehr gut beherrscht, sollten Sie den Schwierigkeitsgrad der Übungen immer wieder variieren.

Vergessen Sie nicht, Ihren Hund jedes Mal durch das Abschlusskommando aus dem Befehl zu entlassen.

# Training

Die Übungen im nachfolgenden Trainingsplan bauen aufeinander auf. In Übung eins lernt Ihr Hund, das Sichtzeichen (ausgestreckter Zeigefinger) und den Befehl „Sitz" mit dem Hinsetzen zu verknüpfen. Hunde verstehen das in der Regel recht schnell.

Nach einiger Zeit wird er sich von allein hinsetzen, wenn er den ausgestreckten Zeigefinger sieht. Sobald Sie den Eindruck haben, dass Ihr Hund den Befehl „Sitz" verstanden hat, können Sie mit Übung zwei weitermachen. Wenn Ihr Hund eine der Übungen zu mindestens achtzig Prozent richtig ausführt, können Sie zur jeweils nachfolgenden Übung übergehen.

Beim Üben im Freien, sollte Ihr Hund die Gelegenheit bekommen, vorher die Umgebung ein wenig zu erkunden. Er kann sich dann besser konzentrieren.

Macht Ihr Hund eine Übung richtig, müssen Sie ihn dafür belohnen. Zur Belohnung geben Sie ihm ein Leckerchen und sagen die von Ihnen gewählte Lobphrase, beispielsweise „Fein gemacht!". Benutzen Sie sowohl für den Befehl „Sitz" eine freundliche, aufmunternde Stimme als auch für die Lobphrase.

Wenn Ihr Hund das „Sitz" gut beherrscht, können Sie die Dauer des Sitzenbleibens allmählich steigern. Mehr als zwei oder drei Minuten sollten Sie aber von einem erwachsenen Hund nicht verlangen, von einem Welpen natürlich sehr viel weniger. Da reichen meistens schon einige Sekunden aus.

Wenn Sie Ihren Hund mit dem Abschlusskommando („Auf") aus dem „Sitz"-Befehl entlassen möchten, sollten Sie darauf achten, es immer nur dann zu tun, wenn Sie sich direkt bei Ihrem Hund befinden. Manche Hundehalter entlassen Ihren Hund auch dann aus dem „Sitz"-Befehl, wenn sie sich von ihrem Hund entfernt haben. Diese Vorgehensweise birgt einen großen Nachteil für den Hund. Er muss sich dann nämlich die gesamte Zeit über auf seinen Halter konzentrieren, da er nie weiß, wann er das Abschlusskommando bekommt. Das ist sehr anstrengend für ihn. Hat der Hund jedoch gelernt, dass er immer nur dann aus dem „Sitz" entlassen wird, wenn Sie direkt bei ihm stehen, kann er sich in Ihrer Abwesenheit entspannen und so viel ruhiger sitzenbleiben.

## Trainingsplan

Wenn Ihr Hund eine der Übungen im Trainingsplan gut kann, können Sie zur nächsten übergehen.

Es ist wichtig, Ihren Hund nicht überfordern. Mehrere kurze Trainingseinheiten täglich sind viel effektiver als eine lange. Nach etwa fünf Minuten sollten Sie eine kleine Pause einlegen. Wenn Sie merken, dass Ihr Hund unkonzentriert wird oder sich leicht ablenken lässt, sollten Sie eine längere Pause einlegen.

# Trainingsplan – „Sitz"

## Übung 1

| | |
|---|---|
| Was? | Nehmen Sie ein Leckerchen zwischen Mittelfinger und Daumen, strecken Sie dabei den Zeigefinger aus. Rufen Sie Ihren Hund. Halten Sie ihm das Leckerchen über die Nase. Dann führen Sie es langsam über den Kopf nach hinten. Sobald das Hinterteil auf dem Boden ist: „Sitz" sagen + belohnen + loben. |
| Wo? | Zuhause, ohne Ablenkung |
| Wie oft? | 5 - 7 Wiederholungen, danach eine kurze Pause |
| Erklärung | Ihr Hund lernt, den Befehl „Sitz" sowie das Sichtzeichen (ausgestreckter Zeigefinger) mit dem Hinsetzen zu verknüpfen. Er setzt sich noch nicht auf Kommando hin. |

## Übung 2

| | |
|---|---|
| Was? | Befehl „Sitz" sowie Sichtzeichen geben.<br>Sobald der Hund sitzt, belohnen Sie ihn. |
| Wo? | Zuhause, ohne Ablenkung |
| Wie oft? | 5 - 7 Wiederholungen, danach eine kurze Pause |
| Erklärung | Machen Sie diese Übung, wenn der Hund Befehl und Sichtzeichen versteht.<br>Geben Sie das Abschlusskommando („Auf") in dem Moment, wo Ihr Hund von selbst aufsteht und loben Sie ihn. |

## Übung 3

| | |
|---|---|
| Was? | Befehl „Sitz" sowie Sichtzeichen geben. Sobald der Hund sitzt, zwei Sekunden warten und erst dann belohnen, dann wieder zwei Sekunden warten und belohnen. Abschlusskommando („Auf") in dem Moment geben, wo Ihr Hund (nach dem zweiten Leckerchen!) von selbst aufsteht. Loben Sie ihn. |
| Wo? | Zuhause, ohne Ablenkung |
| Wie oft? | 5 - 7 Wiederholungen, danach eine kurze Pause |
| Erklärung | Der Hund soll lernen, etwas länger in der Sitzposition zu bleiben, bis er aufstehen darf. Außerdem soll er lernen, die Übung nicht nach dem ersten Leckerchen selbständig zu beenden. Sollte Ihr Hund versuchen aufzustehen, bevor Sie ihm das zweite Leckerchen geben, bringen Sie ihn mit „Sitz" wieder in die Sitzposition. |

## Übung 4

| | |
|---|---|
| Was? | „Sitz" sowie Sichtzeichen geben. Zwei Sekunden warten, dann Leckerchen geben. Danach das Abschlusskommando („Auf") geben. Sollte der Hund nicht aufstehen, weiter versuchen, bis er es tut. Dann ausgiebig loben. |
| Wo? | Zuhause, ohne Ablenkung |
| Wie oft? | 5 - 7 Wiederholungen, danach eine kurze Pause |
| Erklärung | Der Hund lernt, dass er erst dann aufstehen soll, wenn Sie das Abschlusskommando geben. |

## Übung 5

**Was?** Befehl „Sitz" sowie Sichtzeichen geben. Sobald der Hund sitzt, sechs Sekunden warten und erst dann belohnen, dann wieder sechs Sekunden warten und belohnen. Wieder sechs Sekunden warten. Dann erst das Abschlusskommando („Auf") geben. Dann ausgiebig loben.

**Wo?** Zuhause, ohne Ablenkung

**Wie oft?** 5 Wiederholungen, danach eine kurze Pause

**Erklärung** Der Hund soll lernen, etwas länger in der Sitzposition zu bleiben und erst aufzustehen, wenn er das Abschlusskommando bekommen hat.

## Übung 6

**Was?** Befehl „Sitz" sowie Sichtzeichen geben. Sobald der Hund sitzt, entfernen Sie sich ein wenig von Ihrem Hund und gehen dann wieder zu ihm hin. Belohnen Sie ihn. Dann erst das Abschlusskommando („Auf") geben. Dann ausgiebig loben.

**Wo?** Zuhause, ohne Ablenkung

**Wie oft?** 5 Wiederholungen, danach eine kurze Pause

**Erklärung** Der Hund soll lernen, auch dann noch in der Sitzposition zu bleiben, wenn Sie sich von ihm entfernen. Anfangs nur einen Schritt. Wenn es gut klappt, Entfernung bei jedem Mal etwas steigern. Falls der Hund Anstalten macht aufzustehen, „Sitz" und Sichtzeichen geben.

## Übungen 2 - 6, im Freien

| | |
|---|---|
| Was? | Wenn Ihr Hund die Übungen 2 - 6 zuhause gut kann, können Sie die Übungen im Freien machen. Gehen Sie wieder der Reihenfolge nach vor. Halten Sie Ihren Hund beim Üben an der Leine. |
| Wo? | Beim Gassigehen, ohne Ablenkung |
| Wie oft? | 5 - 7 Wiederholungen, danach eine kurze Pause |
| Erklärung | Die Übungsumgebung sollte ablenkungsfrei sein (keine Menschen und, ganz besonders, keine anderen Hunde). Geeignet ist jeder ruhige Ort. |

## Übungen 2 - 6, im Freien

| | |
|---|---|
| Was? | Wenn Ihr Hund die Übungen 2 - 6 ohne Ablenkung gut kann, können Sie die Übungen unter Ablenkung machen. Halten Sie Ihren Hund beim Üben an der Leine. |
| Wo? | Beim Gassigehen, mit leichter Ablenkung |
| Wie oft? | 5 - 7 Wiederholungen, danach eine kurze Pause |
| Erklärung | Üben Sie unter leichten Ablenkungsbedingungen (Menschen in weiter Entfernung und andere Hunde nur ganz weit weg). |

## Übungen 2 - 6, im Freien und Zuhause

| | |
|---|---|
| Was? | Wenn Ihr Hund die Übungen 2 - 6 mit leichter Ablenkung gut kann, können Sie die Übungen unter starker Ablenkung machen. Halten Sie Ihren Hund beim Üben im Freien an der Leine. |
| Wo? | Zuhause und / oder unterwegs |

Wie oft? 5 - 7 Wiederholungen, danach eine kurze Pause

Erklärung Starke Ablenkung:
- anderer Hund direkt daneben
- Familienmitglieder laufen an dem Hund vorbei
- Straßenverkehr
- Fahrradfahrer fährt vorbei

# Lektion 3: Platz

Das Kommando „Platz“ ist für Ihren Hund eine schwierige Aufgabe. Aber mit Geduld und regelmäßigem Training wird Ihr Hund es zur Perfektion bringen.

„Platz“ gehört mit zu den nützlichsten Befehlen, die Sie Ihrem Hund beibringen können. So können Sie Ihrem Hund zum Beispiel befehlen sich hinzulegen, damit er nach dem Spiel oder einem anstrengenden Spaziergang ausruhen und entspannen kann. Während der Mahlzeiten mit Ihrer Familie oder Freunden, können Sie Ihren Hund anweisen, sich auf seine Decke zu legen und dort zu bleiben. Es gibt im Alltag sehr viele Situationen, in denen es entweder für Sie oder für Ihren Hund angenehm ist, wenn er nicht im Zentrum des Geschehens ist.

## Ziel der Lektion

Auf den Befehl „Platz“ hin soll der Hund sich hinlegen. Sein Bauch sowie seine Ellbogen und Unterarme sollen den Boden berühren. Er soll solange liegen bleiben, bis Sie ihm das Abschlusskommando geben.

## Übungsanleitung

Die Lektion drei, „Platz“, ist in sieben einzelne Übungen unterteilt. Dabei ist die grundsätzliche Vorgehensweise wie folgt:

### Methode eins

- Nehmen Sie - für Ihren Hund gut sichtbar - ein Leckerchen zwischen Zeigefinger und Daumen.
- Lassen Sie Ihren Hund vor sich „Sitz“ machen.

- Knien Sie sich hin und halten Sie ein Leckerchen vor seine Nase. Beugen Sie sich dabei nicht über ihn, denn Ihr Hund könnte diese Haltung als bedrohlich empfinden.
- Führen Sie die Hand mit dem Leckerchen hinunter auf den Boden und dann auf den Hund zu. Ihr Hund wird mit seinem Körper dem Leckerchen folgen.
- Sobald er sich in der liegenden Position befindet, sagen Sie „Platz". Geben Sie ihm gleichzeitig die Belohnung.

### Methode zwei

Es gibt Hunde, bei denen die erste Methode nicht erfolgreich ist. Dann gehen Sie folgendermaßen vor:

- Lassen Sie Ihren Hund vor sich „Sitz" machen.
- Nehmen Sie dann - für Ihren Hund gut sichtbar - ein Leckerchen zwischen Daumen und Zeigefinger.
- Gehen Sie in die Knie und legen Sie die Hand mit dem Leckerbissen auf den Boden. Der Handrücken ist nach nach oben gerichtet. Das Leckerchen wird von der Hand bedeckt. Ihr Hund wird nun versuchen, irgendwie den Leckerbissen zu bekommen. Beobachten Sie Ihren Hund dabei genau und ignorieren Sie alle seine Versuche, den Happen zu erreichen. Es kann ein Weilchen dauern, aber irgendwann wird sich Ihr Hund auch einmal hinlegen.
- Sobald er liegt, sagen Sie „Platz" und drehen die Hand sofort um, sodass Ihr Hund das Leckerli nehmen kann.

Mit Hilfe eines Trainingsplans, den Sie am Ende der Lektion finden, werden Sie durch die einzelnen Übungen geführt.

## Fehler bei der Ausführung

Wenn Ihr Hund die Übung nicht richtig ausführt, dürfen Sie ihn nicht belohnen. Er darf sein Leckerchen erst bekommen, wenn er richtig auf dem Boden liegt. Hat es nicht geklappt, wiederholen Sie die Übung einfach.

### Worauf Sie achten sollten

*Nicht an den Vorderbeinen nach vorne ziehen*
Sie sollten Ihren Hund nicht an den Vorderbeinen nach vorne ziehen, um ihn in eine liegende Position zu bringen. Er könnte das Gleichgewicht verlieren und verunsichert werden. Er könnte Ihr Vorgehen aber auch mit dem Befehl „Platz" in Verbindung bringen und in Zukunft immer darauf warten, von Ihnen die richtige Position gelegt zu werden.

*Bleiben Sie geduldig*
Überanstrengen Sie Ihren Hund nicht. „Platz" ist schwierig auszuführen. Versuchen Sie den richtigen Rhythmus zu finden und lassen Sie sich Zeit.

*Immer mit Abschlusskommando*
Üben Sie von Anfang an mit einem Abschlusskommando, damit Ihr Hund sich daran gewöhnt, dass Sie den Befehl „Platz" mit dem Abschlusskommando beenden.

# Training

Als Sichtzeichen hat sich die ausgestreckte Hand als sinnvoll erwiesen. Die Handfläche sollte dabei nach unten zeigen. Wenn Sie den Befehl „Platz" geben, machen Sie gleichzeitig mit der flachen Hand eine leichte Bewegung nach unten.

Die Übungen im nachfolgenden Trainingsplan bauen aufeinander auf. Wenn Ihr Hund eine Übung bei etwa acht von zehn Versuchen richtig macht, können Sie zur nachfolgenden Übung übergehen. Falls es einmal doch noch nicht so richtig klappen sollte, gehen Sie einfach wieder zur vorhergehenden Übung zurück.

## Der Hund steht immer wieder auf, bevor er das Abschlusskommando bekommen hat

Am Anfang wird Ihr Hund immer schnell wieder aufstehen, nachdem er das Belohnungsleckerchen bekommen hat, ohne auf das Abschlusskommando zu warten. Das ist zwar ganz normal, aber nicht erwünscht. Er soll ja lernen, so lange liegen zu bleiben, bis Sie ihm das Abschlusskommando geben.

Das können Sie erreichen, indem Sie Ihrem Hund weiterhin kleine Leckerbissen geben, während er in der liegenden Position ist. Loben Sie ihn dabei mit der von Ihnen gewählten Lobphrase. Wenn Sie dann die Übung beenden möchten, geben Sie ihm den letzten Leckerbissen. Sobald Ihr Hund den Happen heruntergeschluckt hat, sagen Sie das Abschlusskommando („Auf") und stehen dabei auf.

Anfangs sollten Sie die Zeit, während der Ihr Hund liegen bleiben soll, möglichst kurz halten. Verlängern Sie die Phase, in der Ihr Hund in der liegenden Position bleiben soll aber immer ein bisschen mehr, je besser er die Übung beherrscht.

# Trainingsplan

Wenn Ihr Hund eine der Übungen im nachfolgenden Trainingsplan gut beherrscht, können Sie zur nächsten übergehen.

Es ist wichtig, dass Sie Ihren Hund nicht überfordern. Mehrere kurze Trainingseinheiten täglich sind viel effektiver als eine lange. Nach etwa fünf Minuten sollten Sie eine kleine Pause einlegen. Wenn Sie merken, dass Ihr Hund unkonzentriert wird oder sich leicht ablenken lässt, sollten Sie eine längere Pause einlegen.

# Trainingsplan – „Platz"

## Übung 1

| | |
|---|---|
| Was? | Hund mit Methode eins oder Methode zwei zum „Platz" verleiten (-> Übungsanleitung im Kapitel "Die Grunderziehung", Lektion 3: Platz). |
| Wo? | Zuhause, ohne Ablenkung |
| Wie oft? | 5 - 7 Wiederholungen, danach eine kurze Pause |
| Erklärung | Ihr Hund lernt, den Befehl „Platz" sowie das Sichtzeichen (ausgestreckte flache Hand) mit dem Hinlegen zu verknüpfen. Er legt sich noch nicht auf Kommando hin. |

## Übung 2

| | |
|---|---|
| Was? | Hund „Sitz" machen lassen. Befehl „Platz" sowie Sichtzeichen geben.<br>Sobald der Hund liegt, belohnen Sie ihn. |
| Wo? | Zuhause, ohne Ablenkung |
| Wie oft? | 5 - 7 Wiederholungen, danach eine kurze Pause |
| Erklärung | Machen Sie diese Übung, wenn der Hund den Befehl und das Sichtzeichen versteht.<br>Geben Sie das Abschlusskommando („Auf") in dem Moment, wo Ihr Hund von selbst aufsteht und loben Sie ihn. |

## Übung 3

| | |
|---|---|
| Was? | Hund „Sitz" machen lassen. Befehl „Platz" sowie Sichtzeichen geben.<br>Sobald der Hund liegt, zwei Sekunden warten und erst dann belohnen, dann wieder zwei Sekunden warten und belohnen.<br>Abschlusskommando („Auf") in dem Moment geben, wo Ihr Hund (nach dem zweiten Leckerchen!) von selbst aufsteht. Loben Sie ihn anschließend. |
| Wo? | Zuhause, ohne Ablenkung |
| Wie oft? | 5 - 7 Wiederholungen, danach eine kurze Pause |
| Erklärung | Der Hund soll lernen, etwas länger in der Platzposition zu bleiben, bis er aufstehen darf. Außerdem soll er lernen, die Übung nicht nach dem ersten Leckerchen selbständig zu beenden.<br>Sollte Ihr Hund versuchen aufzustehen, bevor Sie ihm das zweite Leckerchen geben, bringen Sie ihn mit „Platz" wieder in die Liegeposition. |

## Übung 4

| | |
|---|---|
| Was? | Hund „Sitz" machen lassen. Befehl „Platz" sowie Sichtzeichen geben. Zwei Sekunden warten, dann Leckerchen geben. Danach das Abschlusskommando („Auf") geben. Sollte der Hund nicht aufstehen, weiter versuchen, bis er es tut. Dann ausgiebig loben. |
| Wo? | Zuhause, ohne Ablenkung |
| Wie oft? | 5 - 7 Wiederholungen, danach eine kurze Pause |
| Erklärung | Der Hund lernt, dass er erst dann aufstehen soll, wenn Sie ihm dass Abschlusskommando geben. |

## Übung 5

| | |
|---|---|
| Was? | Hund „Sitz" machen lassen. Befehl „Platz" sowie Sichtzeichen geben.<br>Sobald der Hund sitzt, 10 Sekunden warten und erst dann belohnen. Dann wieder 10 Sekunden warten und belohnen. Wieder 10 Sekunden warten. Dann erst das Abschlusskommando („Auf") geben. Dann ausgiebig loben. |
| Wo? | Zuhause, ohne Ablenkung |
| Wie oft? | 5 Wiederholungen, danach eine kurze Pause |
| Erklärung | Der Hund soll lernen, etwas länger in der Platzposition zu bleiben und erst aufzustehen, wenn er das Abschlusskommando bekommen hat. |

## Übung 6

| | |
|---|---|
| Was? | Befehl „Platz" sowie Sichtzeichen geben.<br>Sobald der Hund liegt, kleine Schritte seitwärts oder nach hinten machen. Belohnen und loben. Dann geben Sie das Abschlusskommando („Auf"). Dann wieder ausgiebig loben. |
| Wo? | Zuhause, ohne Ablenkung |
| Wie oft? | 5 - 7 Wiederholungen, danach eine kurze Pause |
| Erklärung | Dauer der Übung etwa drei oder vier Sekunden.<br>Der Hund soll lernen, auch aus dem Stand ins „Platz" zu kommen.<br>Er soll liegen bleiben, auch wenn Sie sich ein bisschen bewegen. |

## Übung 7

| | |
|---|---|
| Was? | Befehl „Platz" sowie Sichtzeichen geben. Sobald der Hund liegt, um den Hund herumgehen. Belohnen und loben. Dann geben Sie das Abschlusskommando („Auf"). Dann erneut ausgiebig loben. |
| Wo? | Zuhause, ohne Ablenkung |
| Wie oft? | 5 - 7 Wiederholungen, danach eine kurze Pause |
| Erklärung | Ihr Hund soll liegen bleiben, auch wenn er Sie nicht die ganze Zeit über sehen kann. |

## Übungen 2 - 7 im Freien

| | |
|---|---|
| Was? | Wenn Ihr Hund die Übungen 2 - 7 zuhause gut kann, können Sie diese Übungen im Freien machen. Gehen Sie wieder der Reihenfolge nach vor. Halten Sie Ihren Hund beim Üben im Freien an der Leine. |
| Wo? | Beim Gassigehen, ohne Ablenkung |
| Wie oft? | 5 - 7 Wiederholungen, danach eine kurze Pause |
| Erklärung | Die Übungsumgebung sollte ablenkungsfrei sein (keine Menschen und - ganz besonders - keine anderen Hunde). Geeignet ist jeder ruhige Ort. |

## Übungen 2 - 7 im Freien

| | |
|---|---|
| Was? | Wenn Ihr Hund die Übungen 2 - 7 ohne Ablenkung gut kann, können Sie diese Übungen unter leichter Ablenkung machen. Halten Sie Ihren Hund beim Üben im Freien an der Leine. |
| Wo? | Beim Gassigehen, mit leichter Ablenkung |
| Wie oft? | 5 - 7 Wiederholungen, danach eine kurze Pause |
| Erklärung | Üben Sie unter leichten Ablenkungsbedingungen. (Menschen in weiter Entfernung und andere Hunde nur ganz weit weg.) |

## Übungen 2 - 7, im Freien und Zuhause

| | |
|---|---|
| Was? | Wenn Ihr Hund die Übungen 2 - 7 mit leichter Ablenkung gut kann, können Sie diese Übungen unter starker Ablenkung machen. Halten Sie Ihren Hund beim Üben im Freien an der Leine. |
| Wo? | Zuhause und / oder unterwegs |
| Wie oft? | 5 - 7 Wiederholungen, danach eine kurze Pause |
| Erklärung | Starke Ablenkung:<br>- anderer Hund direkt daneben<br>- Familienmitglieder laufen an dem Hund vorbei<br>- Straßenverkehr<br>- Fahrradfahrer fährt vorbei |

# Lektion 4: Hier

Der Befehl „Hier“ ist einer der wichtigsten Befehle überhaupt. Schon allein aus Sicherheitsgründen, aber auch sonst ist er sehr nützlich ist. Er gehört definitiv zu den vier elementaren Grundbefehlen, die ein Haushund beherrschen sollte.

Sehr viele Hundehalter beklagen jedoch, dass ihr Hund nicht kommt, wenn sie ihn rufen. Häufig liegt das ganz einfach daran, dass sie ihrem Hund sehr nachhaltig beigebracht haben, auf ihr Kommando auf gar keinen Fall zu kommen.

Stellen Sie sich einmal folgende Situation vor:

Herr H. hat beschlossen, seinem Hund den Befehl „Hier“ beizubringen. Er nimmt ihn mit in den Park und sein Hund tobt ein bisschen herum. Jetzt ist der geeignete Moment, denkt Herr H. und ruft: „Hund, hier!“ Sein Hund schaut auf, wedelt kurz mit dem Schwanz und trollt sich in die entgegengesetzte Richtung, weil er von dort gerade ein äußerst interessantes Rascheln gehört hat.

Nun, denkt Herr H., dann eben noch einmal. Schließlich muss man die Übung ja ganz oft wiederholen, bis der Hund sie kann. Er ruft mit deutlich strengerem Ton: „Hund, hier!“ Sein Hund empfindet Herrn H.'s Stimme aber überhaupt nicht einladend. Der Ton in Herrn H.'s Stimme macht ihn nervös und so hält er sicherheitshalber ein bisschen Abstand zu ihm. Aus lauter Nervosität schnappt er sich einen Stock und rennt damit herum.

„Jetzt reicht's aber“, denkt Herr H. und jagt wütend hinter seinem Hund her, greift ihn am Halsband und schimpft ihn aus. Spätestens jetzt ist für den Hund eindeutig klar, dass der Begriff „Hier“ drohendes Unheil bedeutet und er besser das Weite sucht, wenn Herr H. ihn ruft.

**Es muss sich für Ihren Hund lohnen, damit er zu Ihnen kommt**

Um Ihren Hund dazu zu bewegen, auf Zuruf zu Ihnen zu kommen, müssen Sie ihm das so verlockend wie nur irgend möglich machen. Das erreichen Sie, indem Ihr Hund jedes Mal etwas Positives erfährt, wenn er an Ihre Seite kommt. Positiv sind zum Beispiel ein Leckerbissen, ein

Spiel oder einige liebevolle Streicheleinheiten. Da Hunde von Natur aus immer wieder den Kontakt zu ihren Rudelmitgliedern suchen, wird auch Ihr Hund regelmäßig von ganz allein zu Ihnen kommen. Dieses natürliche Verhalten Ihres Hundes machen wir uns beim Erlernen des „Hier“-Befehls zu Nutze.

# Übungsziel

Ihr Hund soll auf den Befehl „Hier“ zu Ihnen laufen.

# Übungsanleitung

Rufen Sie den Befehl „Hier“. Sobald Ihr Hund bei Ihnen angekommen ist, nehmen Sie ihn am Halsband und belohnen ihn mit einem Leckerchen und der von Ihnen gewählten Lobphrase, zum Beispiel „Fein gemacht!“.

# Worauf Sie achten sollten

- **Das Rufsignal muss immer dasselbe sein**

  Benutzen Sie für den Rückruf den Befehl „Hier“, dann sollten Sie diesen auch immer genauso beibehalten. Wenn Sie nämlich jedes Mal unterschiedliche Begriffe verwenden, wie etwa „Komm“ oder „Komm her“, verwirrt das Ihren Hund. Er kann die verschiedenen Begriffe dann nicht der einzelnen Aufgabe, nämlich dass er zu Ihnen kommen soll, zuordnen.

- **Wenn der Hund den Befehl „Hier“ befolgt, muss immer etwas Positives für ihn geschehen**

  Ihr Hund wird keinen Grund sehen, zu Ihnen zu kommen, wenn es sich für ihn nicht lohnt. In den ersten Monaten sollte er jedes Mal ein Leckerchen bekommen, wenn er auf Zuruf zu Ihnen herankommt. Nach und nach können Sie die Leckerchen dann schrittweise reduzieren und Ihren Hund nur noch sporadisch mit einem Häppchen belohnen. Loben sollten Sie ihn aber immer.

- **Niemals den Hund heranrufen, um ihn für etwas zu bestrafen, was er zuvor getan hat**

  Wenn Ihr Hund etwas angestellt hat, wie zum Beispiel in den Blumenbeeten zu buddeln, dürfen Sie ihn niemals rufen, um ihn auszuschimpfen oder zu bestrafen. Zum einen kann er die Schelte dann längst schon nicht mit mehr seiner Buddelei in Verbindung bringen und zum zweiten lernt er, das Kommando „Hier" mit etwas Negativem zu verknüpfen. Ihr Hund wird dann nicht lernen, zuverlässig auf Zuruf zu Ihnen kommen.

- **Nie mehr als einmal rufen**

  Sollte Ihr Hund beim ersten Zuruf nicht zu Ihnen kommen, dürfen Sie kein zweites Mal rufen. Ihr Hund lernt sonst, dass er Sie ignorieren darf. Beim Spaziergang zum Beispiel, sollten Sie dann einfach weitergehen. Ihr Hund wird Ihnen sehr wahrscheinlich bald folgen, da Hunde sich nie lange von Ihrer sozialen Gruppe entfernen. Allerdings sollten Sie ihn nicht belohnen, wenn er verzögert zu Ihnen kommt.

- **Niemals rufen, wenn Sie glauben, dass Ihr Hund nicht kommen könnte**

  Wenn es aussichtslos ist, dass Ihr Hund kommt, wenn Sie ihn rufen, weil er beispielsweise gerade mit anderen Hunden herumtobt, sollten Sie ihn nicht rufen. Er lernt sonst, dass er Sie ignorieren kann. Rufen Sie ihn erst dann in schwierigen Situationen, wenn Ihr Hund sicher auf den Rückruf reagiert.

- **Zwischendurch einfach ohne Grund zu sich rufen**

  Rufen Sie Ihren Hund während eines Spaziergangs immer wieder einmal ohne einen bestimmten Grund zu sich und belohnen Sie ihn, wenn er kommt. Wenn Sie ihn nur am Ende des Spaziergangs rufen, merkt er sich nämlich, dass der Spaß für ihn vorbei ist, wenn der Ruf „Hier" erfolgt.

- **Achten Sie darauf, eine freundliche Stimme einzusetzen**

  Rufen Sie Ihren Hund immer mit einer freundlichen Stimme. Sie sollte fröhlich und einladend klingen. Dann kommt Ihr Hund lieber zu Ihnen.

# Training

Die Übungen im nachfolgenden Trainingsplan bauen aufeinander auf. Übung eins dient dazu, Ihrem Hund zu vermitteln, dass es sich lohnt, wenn er zu Ihnen kommt. In Übung zwei lernt er den Befehl „Hier" kennen und mit positiven Erfahrungen zu verknüpfen.

**Wichtig!** Ab Übung zwei bekommt Ihr Hund keine Leckerchen mehr, wenn er von selbst zu Ihnen kommt, sondern nur noch, wenn Sie ihm zuvor das Kommando „Hier" gegeben haben. Das ist wichtig, da Ihr Hund Sie sonst eventuell manipulieren und als „Leckerchenautomat" missbrauchen könnte.

# Trainingsplan

Wenn Ihr Hund eine der Übungen im nachfolgenden Trainingsplan gut kann, können Sie zur nächsten übergehen. Es ist wichtig, dass Sie Ihren Hund nicht überfordern. Mehrere kurze Trainingseinheiten täglich sind viel effektiver als eine lange. Nach etwa fünf Minuten sollten Sie eine kleine Pause einlegen. Wenn Sie merken, dass Ihr Hund unkonzentriert wird oder sich leicht ablenken lässt, sollten Sie eine längere Pause einlegen.

Wenn Sie im Freien ohne Leine üben möchten, sollten Sie darauf achten, dass Ihr Hund nicht weglaufen kann und an dem jeweiligen Ort das Führen von nichtangeleinten Hunden gestattet ist. Wenn Sie beginnen, mit Ablenkung zu üben, sollten Sie den Ablenkungsgrad langsam steigern. Ablenkung ist alles, was den Hund in seiner Konzentration stört.

# Trainingsplan - „Hier"

## Übung 1

| | |
|---|---|
| Was? | Jedes Mal, wenn Ihr Hund zwischendurch einmal zu Ihnen kommt, loben Sie ihn, streicheln ihn kurz und überraschen ihn, wenn möglich, mit einem Leckerchen. |
| Wo? | Zuhause und unterwegs |
| Wie oft? | Immer |
| Erklärung | Ihr Hund lernt auf diese Weise, dass etwas Angenehmes geschieht, wenn er zu Ihnen kommt. Wenn Ihr Hund nach einigen Tagen regelmäßig angelaufen kommt, um sich ein Leckerchen abzuholen, fahren Sie fort mit Übung zwei. |

## Übung 2

| | |
|---|---|
| Was? | Wenn Sie sehen, dass Ihr Hund auf Sie zuläuft, rufen Sie seinen Namen und den Befehl „Hier". Klopfen Sie sich dabei mit der flachen Hand auf den Oberschenkel. Wenn Ihr Hund bei Ihnen angekommen ist, gehen Sie in die Hocke, fassen ihn am Halsband und geben ihm ein Leckerchen und Lob. |
| Wo? | Zuhause, ohne Ablenkung |
| Wie oft? | Im täglichen Ablauf, so oft wie möglich. |
| Erklärung | Ihr Hund lernt jetzt, den Befehl „Hier" zu verstehen und mit einem Sichtzeichen (Klopfen auf den Oberschenkel) zu verbinden. Bei dieser Übung ist es wichtig, nur dann „Hier" zu rufen, wenn Sie sicher sind, dass der Hund auch wirklich zu Ihnen kommt.<br>Achtung: Ab jetzt keine Leckerchen mehr ohne „Hier"-Kommando! |

## Übung 3

| | |
|---|---|
| Was? | Lassen Sie Ihren Hund „Sitz" machen. Gehen Sie einige Schritte zurück.<br>Rufen Sie seinen Namen und den Befehl „Hier".<br>Klopfen Sie sich dabei mit der flachen Hand auf den Oberschenkel. Wenn Ihr Hund bei Ihnen angekommen ist, gehen Sie in die Hocke, fassen ihn am Halsband und geben ihm ein Leckerchen und Lob. |
| Wo? | Zuhause, ohne Ablenkung |
| Wie oft? | 5 Wiederholungen, danach eine kurze Pause |
| Erklärung | Ihr Hund lernt jetzt, ohne Ablenkung auf Zuruf zu Ihnen zu kommen.<br>Vergrößern Sie die Entfernung von Ihrem Hund nach und nach immer ein wenig mehr.<br>Wenn Ihr Hund diese Übung gut kann, können Sie zur nächsten Übung übergehen. |

## Übung 4

| | |
|---|---|
| Was? | Lassen Sie Ihren Hund „Sitz" machen und gehen Sie einige Schritte zurück.<br>Rufen Sie seinen Namen und den Befehl „Hier".<br>Klopfen Sie sich dabei mit der flachen Hand auf den Oberschenkel. Wenn Ihr Hund bei Ihnen angekommen ist, gehen Sie in die Hocke, fassen ihn am Halsband und geben ihm ein Leckerchen und Lob. |
| Wo? | Im Freien, ohne Ablenkung |
| Wie oft? | 5 Wiederholungen, danach eine kurze Pause |

| | |
|---|---|
| Erklärung | Nehmen Sie Ihren Hund an eine ausreichend lange Leine.<br>Hier Hund lernt jetzt, in unterschiedlicher Umgebung auf Zuruf zu Ihnen zu kommen.<br>Vergrößern Sie den Abstand nach und nach immer ein bisschen mehr.<br>Wenn Ihr Hund diese Übung gut kann, können Sie zur nächsten Übung übergehen. |

## Übung 5

| | |
|---|---|
| Was? | Lassen Sie Ihren Hund „Sitz" machen und gehen Sie einige Schritte zurück.<br>Rufen Sie seinen Namen und den Befehl „Hier".<br>Klopfen Sie sich dabei mit der flachen Hand auf den Oberschenkel. Wenn Ihr Hund bei Ihnen angekommen ist, gehen Sie in die Hocke, fassen ihn am Halsband und geben ihm ein Leckerchen und Lob. |
| Wo? | Im Freien, mit Ablenkung |
| Wie oft? | 5 Wiederholungen, danach eine kurze Pause |
| Erklärung | Nehmen Sie Ihren Hund an eine ausreichend lange Leine.<br>Ihr Hund lernt jetzt, in unterschiedlicher Umgebung mit Ablenkung auf Zuruf zu Ihnen zu kommen.<br>Vergrößern Sie den Abstand nach und nach immer ein bisschen mehr.<br>Wenn Ihr Hund diese Übung gut kann, können Sie zur nächsten Übung übergehen. |

## Übung 6

| | |
|---|---|
| Was? | Lassen Sie Ihren Hund „Sitz" machen. Entfernen Sie sich von Ihrem Hund.<br>Rufen Sie seinen Namen und den Befehl „Hier".<br>Klopfen Sie sich dabei mit der flachen Hand auf den Oberschenkel. Wenn Ihr Hund bei Ihnen angekommen ist, gehen Sie in die Hocke, fassen ihn am Halsband und geben ihm ein Leckerchen und Lob. |
| Wo? | Im Freien, an einem eingezäunten Ort, wo Ihr Hund nicht weglaufen kann |
| Wie oft? | 5 Wiederholungen, danach eine kurze Pause |
| Erklärung | Ohne Leine.<br>Ihr Hund lernt jetzt ohne Leine und mit größerem Abstand auf Zuruf zu Ihnen zu kommen.<br>Vergrößern Sie den Abstand nach und nach immer ein bisschen mehr.<br>Wenn er das gut kann, können Sie in einem sicheren Gelände weiter üben, wo er auch unterschiedliche Ablenkungen erlebt. |

# Lektion 5: Bleib

Nun, da Ihr Hund seinen Namen kennt, sowie die Befehle „Sitz“ und „Platz“ ausführen kann, soll er das Kommando „Bleib“ kennen lernen. Beim „Bleib“-Befehl soll der Hund an dem Ort verharren, an dem er sich gerade befindet. Dies kann aus der Bewegung heraus erfolgen, aber auch wenn er sich gerade nicht bewegt.

Ein häufiger Fehler ist es, den „Bleib“-Befehl mit „Sitz“ oder „Platz“ zu verknüpfen, also beispielsweise den Hund ins „Platz“ zu legen und ihm dann zusätzlich das Kommando „Bleib“ zu geben. Das ist überflüssig, denn der Hund soll ein Positionskommando ja schließlich sowieso immer solange ausführen, bis ihm das Abschlusskommando gegeben wird.

Wenn Sie die Positionskommandos „Sitz“ und „Platz“ mit unseren Trainingsplänen trainieren und auch danach noch regelmäßig üben, ist es überhaupt nicht nötig, Ihren Hund mit dem „Bleib“-Befehl zum weiteren Ausführen der Kommandos zu bringen.

Ein typisches Anwendungsbeispiel für den „Bleib“-Befehl ist, wenn jemand an der Tür ist und man nicht möchte, dass der Hund mit zur Tür geht oder wenn man die Tür seines Autos öffnet und verhindern möchte, dass der Hund sofort losstürmt und auf die Straße springt.

## Ziel der Lektion

Wenn Sie das Kommando „Bleib“ geben, soll Ihr Hund an der Stelle verharren, an der er sich gerade befindet. Erst wenn Sie das Abschlusskommando geben, darf er sich von dieser Stelle fort bewegen.

# Übungsanleitung

Für Lektion vier, „Bleib", ist die grundsätzliche Vorgehensweise wie folgt:

1. Rufen Sie Ihren Hund zu sich. Kurz bevor er Sie erreicht, stoppen Sie ihn mit der ausgestreckten Hand. Die Handfläche sollte auf den Hund und die Finger nach oben gerichtet sein. Sagen Sie dabei „Bleib". Wenn der Hund kurz stehen bleibt, geben Sie ihm sofort ein Leckerchen und loben ihn.

2. Im zweiten Schritt warten Sie nach dem „Bleib"-Befehl einen kurzen Moment, bis Sie ihm das Leckerchen geben. Sobald der Hund nach der Gabe des Leckerchens von alleine weitergeht, sagen Sie das Abschlusskommando („Auf"). Verlängern Sie nach und nach die Zeitspanne zwischen dem „Bleib"-Befehl und der Gabe des Belohnungsleckerchens.

3. Im vierten (also dem nachfolgenden) Schritt wollen wir dem Hund beibringen, solange in der Warteposition zu bleiben, bis wir ihm das Abschlusskommando geben. Dazu schaffen wir jetzt, in Schritt drei, die Grundlage. Dazu muss der Hund lernen, dass die Übung nicht mit der Gabe des ersten Leckerchens vorbei ist. Wir gehen dafür folgendermaßen vor:

   Geben Sie dem Hund den Bleib-Befehl. Dann warten Sie kurz und geben ihm ein Leckerchen. Nach der Gabe des ersten Leckerchens warten Sie erneut kurz und geben ihm dann ein zweites Leckerchen. Sobald der Hund nach der Gabe des zweiten Leckerchens weitergeht, geben Sie ihm das Abschlusskommando („Auf").

   Sollte der Hund nach dem ersten Leckerchen die Übung beenden wollen, schnell den „Bleib"-Befehl und das Handzeichen geben.

4. In vierten Schritt wird das Abschlusskommando trainiert. Dazu wird dem Hund wieder der „Bleib"-Befehl gegeben. Wenn er brav wartet, bekommt er wieder ein Leckerchen. Danach geben Sie das Abschlusskommando („Auf") solange, bis der Hund die Übung beendet. Danach sofort wieder ausgiebig loben.

5. In Schritt fünf soll Ihr Hund lernen, dass er auch dann in der Warteposition bleiben soll, wenn Sie sich von ihm wegbewegen. Dazu geben Sie ihm wieder den „Bleib"-Befehl und bewegen sich einen Schritt von ihm weg. Wenn er schön brav wartet, gehen Sie wieder zu ihm zurück und geben ihm ein Leckerchen. Danach bekommt er das Abschlusskommando („Auf"). Mit zunehmender Sicherheit Ihres Hundes bei dieser Übung, erhöhen Sie nach und nach die Entfernung zu Ihrem Hund und die Dauer des Entferntbleibens.

   Sollte Ihr Hund Ihnen folgen wollen, geben Sie ihm erneut den „Bleib"-Befehl. Wartet er brav, bekommt er das Belohnungsleckerchen.

6. Der Hund hat nun verstanden, was er tun soll, wenn er den „Bleib"-Befehl bekommt. Nun muss er lernen, ihn in unterschiedlichen Situationen auszuführen. Dazu geben Sie ihm das Kommando „Bleib" einfach immer wieder einmal ganz zufällig in verschiedenen Alltagssituationen. Zum Beispiel, wenn er Ihnen in die Küche folgen will, wenn er von selber auf Sie zu kommt oder wenn er zur Tür laufen will, wenn es klingelt.
7. Zu guter Letzt übt man den „Bleib"-Befehl unter Ablenkung, zum Beispiel in einem Park, in dem es Hunden erlaubt ist, ohne Leine laufen.

## Fehler bei der Ausführung – der Hund bleibt nicht stehen

Wenn Ihr Hund die Übung nicht richtig ausführt, dürfen Sie ihn nicht belohnen. Er darf sein Leckerchen nur dann bekommen, wenn er stehen bleibt.

Achten Sie besonders anfangs darauf, schnell zu belohnen, da der Hund zwar kurz stehen bleiben, sich aber kurz danach sofort wieder von der Stelle fortbewegen wird. Sobald er sich bewegt, dürfen Sie ihm keinesfalls sein Leckerchen geben. Sie belohnen sonst das Sich-Fortbewegen und nicht das Stehenbleiben. Ihr Hund kann nicht verstehen, dass er stehen bleiben soll, wenn Sie ihm die Belohnung erst geben, wenn er sich bereits wieder bewegt. Belohnen Sie ihn beim nächsten Versuch einfach etwas schneller.

### *Worauf Sie achten sollten*

*Überfordern Sie Ihren Hund bei dieser Übung nicht. Besonders in den ersten Tagen sollten Sie es behutsam angehen.*

*Wenn Sie den Eindruck haben, Ihr Hund gerät in Stress oder ist unaufmerksam, beenden Sie das Training.*

*Beenden Sie das Training immer mit einem Erfolgserlebnis für Ihren Hund.*

*Auch wenn Ihr Hund mit der Zeit ein Experte in dieser Übung geworden ist, sollten Sie trotzdem regelmäßig mit unterschiedlichen Schwierigkeitsgraden mit ihm üben.*

# Es gibt keine 100-prozentige Sicherheit

In besonders verlockenden Situationen kann der Jagdinstinkt Ihres Hundes stärker sein, als das Verlangen, Ihnen zu gehorchen. Verlassen Sie sich niemals darauf, dass Ihr Hund das „Bleib"-Kommando immer zuverlässig ausführt. Wenn es die Situation gebietet, sollten Sie Ihren Hund zusätzlich am Halsband festhalten beziehungsweise an die Leine nehmen, um sicher zu gehen, dass niemand zu Schaden kommt.

Als Hundebesitzer müssen Sie vorausschauend handeln. Wenn Sie befürchten, dass eine schwierige oder gefährliche Situation entsteht, sollten Sie Ihren Hund immer an die Leine nehmen.

# Training

Als Sichtzeichen für „Bleib" ist die ausgestreckte Hand sinnvoll. Die Finger sollten dabei nach oben zeigen und die Handfläche in Richtung des Hundes gerichtet sein.

Wenn Sie im Freien üben, sollten Sie Ihren Hund aus dem „Bleib" entlassen, wenn andere Hunde näher kommen. Er muss die Möglichkeit haben, mit den anderen Hunden auf Augenhöhe zu kommunizieren.

Wenn Sie Ihren Hund mit dem Abschlusskommando („Auf") aus dem „Bleib"-Befehl entlassen möchten, achten Sie darauf, es immer nur dann zu tun, wenn Sie sich unmittelbar bei Ihrem Hund befinden. Manche Hundehalter entlassen Ihren Hund aus dem „Bleib"-Befehl, nachdem sie sich von ihrem Hund entfernt haben. Der Nachteil für den Hund ist dann, dass er sich die gesamte Zeit über auf seinen Halter konzentrieren muss, weil er nie weiß, wann sein Herrchen oder Frauchen ihm das Abschlusskommando gibt. Wenn der Hund jedoch gelernt hat, dass er immer nur entlassen wird, wenn Sie neben ihm stehen, kann er sich in Ihrer Abwesenheit entspannen und so viel ruhiger das „Bleib" durchhalten.

# Trainingsplan

Wenn Ihr Hund eine der Übungen im Trainingsplan gut kann, können Sie zur nächsten übergehen.

Es ist wichtig, dass Sie Ihren Hund nicht überfordern. Mehrere kurze Trainingseinheiten täglich sind viel effektiver als eine lange. Nach etwa fünf Minuten sollten Sie eine kleine Pause einlegen. Wenn Sie merken, dass Ihr Hund unkonzentriert wird oder sich leicht ablenken lässt, sollten Sie eine längere Pause einlegen.

# Trainingsplan – „Bleib"

## Übung 1

| | |
|---|---|
| Was? | Rufen Sie Ihren Hund zu sich. Kurz bevor er Sie erreicht, stoppen Sie ihn mit der ausgestreckten Hand. Die Handfläche sollte auf den Hund und die Finger nach oben gerichtet sein. Sagen Sie dabei „Bleib". Wenn der Hund kurz stehen bleibt, geben Sie ihm sofort ein Leckerchen und loben ihn. |
| Wo? | Zuhause, ohne Ablenkung |
| Wie oft? | 5 Wiederholungen, danach eine kurze Pause |
| Erklärung | Ihr Hund lernt, den Befehl „Bleib" sowie das Sichtzeichen (ausgestreckte Hand, Handfläche in Richtung Hund, Finger zeigen nach oben) mit dem Bleiben zu verknüpfen. Wenn der Hund auf den Befehl hin stehen bleibt, weiter zur nächsten Übung. |

## Übung 2a

| | |
|---|---|
| Was? | Wie Übung 1, nur diesmal warten Sie eine Sekunde, bis Sie ihm das Leckerchen geben.<br>Geben Sie das Abschlusskommando („Auf") in dem Moment, wo Ihr Hund von selbst weitergeht und loben Sie ihn. |
| Wo? | Zuhause, ohne Ablenkung |
| Wie oft? | 5 Wiederholungen, danach eine kurze Pause |
| Erklärung | Der Hund lernt, länger an einem Ort zu verharren. Außerdem wird der Grundstein für das Abschlusskommando gelegt. |

## Übung 2b

| | |
|---|---|
| Was? | Wie Übung 2a, diesmal aber drei Sekunden warten. Geben Sie das Abschlusskommando(„Auf") in dem Moment, wo Ihr Hund von selbst weitergeht und loben Sie ihn. |
| Wo? | Zuhause, ohne Ablenkung |
| Wie oft? | 5 Wiederholungen, danach eine kurze Pause |
| Erklärung | Der Hund lernt, noch länger an einem Ort zu verharren. Außerdem wird er weiterhin mit dem Abschlusskommando vertraut gemacht. |

## Übung 3

| | |
|---|---|
| Was? | Dem Hund den „Bleib"-Befehl geben. Zwei Sekunden warten, dann Leckerchen geben. Dann wieder zwei Sekunden warten und zweites Leckerchen geben. Sobald der Hund nach der Gabe des zweiten Leckerchens weitergeht, geben Sie das Abschlusskommando („Auf") und loben ihn. |
| Wo? | Zuhause, ohne Ablenkung |
| Wie oft? | 5 Wiederholungen, danach eine kurze Pause |
| Erklärung | Der Hund soll lernen, die Übung nicht nach dem ersten Leckerchen selbständig zu beenden. Sollte Ihr Hund versuchen wegzugehen, bevor Sie ihm das zweite Leckerchen geben, bringen Sie ihn mit „Bleib" wieder zum Warten. |

## Übung 4

| | |
|---|---|
| Was? | Wieder den „Bleib"-Befehl geben. Wenn er bleibt, ein Leckerchen geben. Danach das Abschlusskommando („Auf") so oft geben, bis der Hund die Übung beendet. Danach sofort wieder ausgiebig loben. |
| Wo? | Zuhause, ohne Ablenkung |
| Wie oft? | 5 Wiederholungen, danach eine kurze Pause |
| Erklärung | Das Abschlusskommando wird trainiert. Am Ende der Übung nur dann loben, wenn der Hund die Übung auf unser Abschlusskommando („Auf") hin beendet. |

## Übung 5

| | |
|---|---|
| Was? | Wieder den „Bleib"-Befehl geben. Einen Schritt zurück machen. Kurz warten und zum Hund zurückkehren. Den Hund belohnen, dann das Abschlusskommando geben. Mit zunehmender Sicherheit des Hundes die Entfernung vergrößern. |
| Wo? | Zuhause, ohne Ablenkung |
| Wie oft? | 5 Wiederholungen, danach eine kurze Pause |
| Erklärung | Der Hund soll lernen, auch dann zu warten, wenn wir uns von ihm entfernen. Wenn der Hund das gut kann, können Sie sogar seinen Sichtbereich verlassen (z.B. hinter ihn oder in den angrenzenden Raum gehen). |

## Übung 6

| | |
|---|---|
| Was? | Das „Bleib"-Kommando in unterschiedlichen Alltagssituationen üben. Auch hier warten zwischen Kommando und der Gabe des Leckerchens. Die Entfernung können Sie ebenfalls variieren. |
| Wo? | An Orten mit und ohne Ablenkung |
| Wie oft? | Immer wieder einmal im Laufe des Tages. |
| Erklärung | Fangen Sie zunächst an ablenkungsfreien Orten an. Weiten Sie später auch auf Orte mit Ablenkung aus. Erhöhen Sie nach und nach die Entfernung von Ihrem Hund und die Dauer des Entferntbleibens. |

# Lektion 6: Gehen an der lockeren Leine

Das „Gehen an der lockeren Leine“ ist nicht zu verwechseln mit dem Kommando „Fuß“. Im Gegensatz zum „Fuß“ sollte das „Gehen an der lockeren Leine“ der Dauerzustand beim Gassigehen sein. Damit das auch gut klappt, muss man es mit seinem Hund üben. Das Ziel ist, dass der Hund beim Gassigehen ganz entspannt neben seinem Besitzer herläuft, wobei die Leine locker durchhängt und nicht gespannt ist.

Das Kommando „Fuß“ hingegen ist viel starrer. Hier läuft der Hund mit seiner Schulter auf der Höhe des Beins seines Halters. Er soll dabei jede Richtungs- oder Geschwindigkeitsänderung sofort mitmachen. Das ist für Hunde äußerst anstrengend, weswegen sie es nur über eine Entfernung von etwa einhundert Metern am Stück durchhalten. Danach brauchen sie eine Pause. Beim Überqueren einer Straße zum Beispiel, ist das Kommando „Fuß“ von enormen Wert und sollte dem Hund deswegen auch beigebracht werden.

Für das tägliche Spazierengehen eignet sich der „Fuß“-Befehl jedoch nicht. Um mit seinem Hund entspannt spazieren zu gehen, sollte man daher das Gehen an der lockeren Leine üben. Es ist übrigens auch die Grundlage für das Kommando „Fuß“.

## Der künftige Ablauf beim Gassigehen

Nach Abschluss des Trainings soll Ihr Hund beim Gassigehen immer an einer locker hängenden Leine gehen.

Das erreichen Sie, indem Sie Ihrem Hund ein ganz bestimmtes Signal beibringen, das ihm sagt, dass er Ihnen folgen soll. Sie müssen dieses Signal immer dann machen, wenn der Hund davor steht, die Leine anzuspannen. Auf diese Weise lernt er, die Leine beim Gehen locker zu halten.

# Das richtige Signal wählen

Ein gut geeignetes Signal ist zum Beispiel ein ganz bestimmtes Geräusch. Um Verwechslungen zu vermeiden, sollte das Signalgeräusch so gut wie nie im Alltag vorkommen. Außerdem sollte es schnell und einfach zu machen sein. Wir empfehlen das Schnippen mit dem Finger.

# Keine Flexileine benutzen

Die Flexileine ist zwar bei vielen Hundebesitzern beliebt, sie hat aber einen entscheidenden Nachteil: die Leine ist niemals locker. Der Hund kann also nie an einer lockeren Leine gehen, weil die Flexileine sich immer automatisch nachspannt. Da seine Bemühungen, die Leine locker zu halten, vergebens sind, wird der Hund nach einiger Zeit einfach aufgeben und hinnehmen, dass seine Leine immer gespannt ist. Das ist nicht nur für den Hundehalter unangenehm, sondern auch sehr anstrengend für den Hund.

# Das Training beginnen

Für die ersten Schritte brauchen Sie noch keine Leine. Wichtig hingegen ist, dass Sie in einer ruhigen Umgebung üben, also mit möglichst wenig Ablenkung. Ablenkung ist alles, was den Hund beschäftigt, wie zum Beispiel Geräusche, andere Hunde oder Autos.

Ein Trainingsplan ist bei dieser Lektion nicht sinnvoll, da das Training großteils während des Gassigehens erfolgt. Folgen Sie stattdessen der Schritt-für-Schritt-Anleitung. Sie sollten immer dann zum nächsten Schritt übergehen, wenn der Hund den aktuellen Schritt gut beherrscht.

## Schritt 1: Das Signalgeräusch geben und der Hund soll sich umdrehen

Der erste Schritt ist recht einfach. Sie erzeugen das Signalgeräusch („Finger schnippen“), was Ihren Hund dazu veranlassen soll, sich auf Sie zu konzentrieren. Das erreichen Sie, indem Sie Ihrem Hund beibringen, dass auf das Signalgeräusch immer etwas Positives folgt. Dazu müssen Sie Ihren Hund loben und belohnen, sobald er sich auf das Signalgeräusch hin umdreht.

**Vorgehensweise**:

Wählen Sie eine ablenkungsfreie Umgebung für die Übung.

- Halten Sie ein Leckerchen bereit.

- Stellen Sie sich hinter Ihren Hund.
- Erzeugen Sie das Signalgeräusch.
- Sobald der Hund sich umdreht, geben Sie ihm das bereitgehaltene Leckerchen und loben ihn dabei.

## Schritt 2: Nun soll der Hund lernen, uns zu folgen

In dieser Übung soll Ihr Hund lernen, Ihnen zu folgen, wenn Sie das Signalgeräusch erzeugen.

**Vorgehensweise:**

Wählen Sie wieder eine ablenkungsfreie Umgebung für die Übung.

- Halten Sie ein Leckerchen bereit.
- Machen Sie das Signalgeräusch.
- Sobald Ihr Hund sich umdreht, zeigen Sie ihm deutlich sichtbar das Leckerchen und bewegen sich langsam zwei Schritte rückwärts.
- Wenn er Ihnen folgt, geben Sie ihm das Leckerchen und loben ihn ausgiebig.

Wenn Ihr Hund diesen Schritt beherrscht, sollten Sie die Anzahl der Rückwärtsschritte langsam steigern. Versuchen Sie es zuerst mit vier Schritten rückwärts und, wenn das gut funktioniert, erhöhen Sie die Anzahl auf sechs Schritte. Wenn es mit sechs Rückwärtsschritten gut klappt, machen Sie weiter mit Schritt drei.

## Schritt 3: Diesmal mit Richtungswechsel

Jetzt wird es um einiges schwieriger für Ihren Hund. Das Ziel dieser Übung ist es, ihn dazu zu bringen, Ihnen nicht nur zu folgen, sondern dabei auch noch die Richtung zu wechseln.

**Vorgehensweise:**

Wählen Sie wieder eine ablenkungsfreie Umgebung für die Übung.

- Halten Sie ein schmackhaftes Leckerchen bereit.
- Erzeugen Sie das Signalgeräusch.
- Gehen Sie drei Schritte rückwärts. Sobald Ihr Hund Ihnen folgt, bekommt er wieder ein Leckerchen.

- Erzeugen Sie direkt im Anschluss das Signalgeräusch noch einmal.
- Gehen Sie wieder rückwärts, aber diesmal im 45° Winkel nach rechts oder links. Wenn der Hund Ihnen folgt, bekommt er natürlich wieder ein Leckerchen.

Wiederholen Sie das Signalgeräusch mit anschließendem Richtungswechsel noch dreimal.

## Schritt 4: Von nun an vorwärts

Beobachter hätten mit Sicherheit ihre helle Freude daran, Ihnen dabei zuzusehen, wie Sie mit Ihrem Hund Leckerchen werfend rückwärts durch den Park laufen. Dennoch zeigen wir Ihnen, wie Sie vorwärts gehen können und Ihr Hund Ihnen dabei folgt.

**Vorgehensweise:**

Wählen Sie wieder eine ablenkungsfreie Umgebung für die Übung.

- Stellen Sie sich hinter Ihren Hund.
- Nehmen Sie ein Leckerli gut sichtbar in die Hand.
- Machen Sie das Signalgeräusch.
- Gehen Sie zwei bis drei Schritte vorwärts an Ihrem Hund vorbei.
- Wenn der Hund Ihnen folgt, geben Sie ihm das Leckerchen und loben ihn ausgiebig.

## Schritt 5: Weiter und immer weiter

Zwei bis drei Schritte sind ja schon ganz ordentlich, aber längst nicht genug. Jetzt lernt der Hund, Ihnen über weitere Entfernungen zu folgen.

**Vorgehensweise:**

Wählen Sie wieder eine ablenkungsfreie Umgebung für die Übung.

- Stellen Sie sich hinter Ihren Hund.
- Nehmen Sie ein Leckerli gut sichtbar in die Hand.
- Machen Sie das Signalgeräusch.
- Gehen Sie zwei bis drei Schritte vorwärts am Hund vorbei. Der Hund sollte das Leckerchen erst sehen können, wenn Sie an ihm vorbeigehen.

- Wenn der Hund Ihnen folgt, geben Sie ihm das Leckerchen, aber ohne dabei stehen zu bleiben.
- Machen Sie beim Gehen wieder das Signalgeräusch und gehen Sie weiterhin vorwärts. Aber ändern Sie dabei die Richtung, einmal im 45° Winkel nach rechts, dann wieder nach links.
- Wiederholen Sie das Weiterlaufen mit Richtungswechsel und das Geben von Leckerchen drei- bis viermal.

## Schritt 6: Nun mit Leine

Von nun an wird jeder weitere Schritt angeleint trainiert. Der Unterschied zwischen Schritt fünf und Schritt sechs ist, dass Sie Ihren Hund bei Schritt sechs an die Leine nehmen.

**Vorgehensweise:**

Bleiben Sie noch immer in einer ablenkungsfreien Umgebung für die Übung.

- Legen Sie Ihrem Hund die Leine an.
- Gehen Sie genauso vor wie in Schritt fünf. Üben Sie nun mit dem angeleinten Hund solange, bis es gut klappt.

## Schritt 7: Das richtige Gassigehen wird trainiert

Die Trainingsphase ist nun abgeschlossen. Von nun an üben Sie das „Gehen an der lockeren Leine“ beim täglichen Gassigehen.

Damit das eigentliche Ziel, nämlich Ihrem Hund beizubringen, immer mit einer lockeren Leine neben Ihnen herzulaufen, erreicht wird, müssen Sie bei jedem Gassigehen Folgendes beachten:

- Immer wenn Sie denken, dass Ihr Hund die Leine gleich anspannen wird, erzeugen Sie das Signalgeräusch und belohnen den Hund, sobald er die Leine wieder lockert. Entweder mit einem Leckerli oder mit einem stimmlichem Lob („Fein gemacht!“). Wenn Sie mit Leckerchen belohnen, sollten Sie diese nach einiger Zeit schrittweise reduzieren und stattdessen zum stimmlichen Lob übergehen. Sie können die Menge der Leckerchen am einfachsten reduzieren, wenn Sie nur noch jedes zweite Mal ein Leckerchen geben, dann nur noch jedes dritte Mal und so weiter, bis es Leckerlis nur noch als Überraschung gibt.
- Auch wenn Ihr Hund bald schon gewohnheitsmäßig mit lockerer Leine läuft, sollten Sie ihm gelegentlich ein Leckerchen und Lob zur Belohnung geben.

Nach etwa einem Monat sollte der Hund perfekt an der Leine gehen und nur noch sehr, sehr selten die Leine anspannen. Wenn es doch einmal vorkommt, machen Sie das Signalgeräusch und loben Sie Ihren Hund, sobald er die Leine wieder locker lässt.

# Häufige Probleme und die Lösungen

### Problem: Ich habe die Empfehlung gelesen, wenn der Hund doch einmal zieht, soll ich kräftig an der Leine ziehen. Warum empfehlen Sie das nicht?

Aus zwei Gründen: Durch das kräftige Rucken an der Leine lernt der Hund, die Leine zu fürchten, anstatt entspannt und locker zu gehen. Außerdem kann ruckartiges Ziehen an der Leine zu schweren Verletzungen beim Hund führen, was leider regelmäßig vorkommt. In weniger schlimmen Fällen verursachen solche Verletzungen zum Beispiel ein eingeschränktes Sehfeld, aber viel zu oft führen sie zur vollständigen Erblindung oder Paralysierung. Es gibt noch eine Vielzahl anderer Symptome, die auf das ruckartige Ziehen an der Leine zurückzuführen sind. Daher niemals(!) ruckartig an der Leine ziehen, insbesondere dann nicht, wenn der Hund ein „Halti" trägt.

### Problem: Der Hund klettert oder hüpft an mir hoch, um das Leckerchen zu erreichen.

Sie geben dem Hund das Leckerchen zu spät. Versuchen Sie, es ihm früher zu geben.

### Problem: Der Hund zerrt kurz an der Leine, weil er gelernt hat, dass er danach das Signalgeräusch hört und dann ein Leckerchen bekommt.

Geben Sie Ihrem Hund keine Leckerchen mehr, sondern loben Sie ihn von nun an nur noch, nachdem Sie das Signalgeräusch gemacht haben. Nach einigen Tagen können Sie ihm dann gelegentlich wieder ein Leckerchen zur Belohnung geben. Achten Sie außerdem darauf, das Signalgeräusch bereits dann zu machen, wenn der Hund erste Anstalten macht, an der Leine zu ziehen und nicht erst, wenn die Leine schon gespannt ist.

### Problem: Mein Hund interessiert sich nicht für die Leckerchen bzw.

## mein Hund frisst die Leckerchen nicht.

Ist Ihr Hund manchmal an dem Leckerchen interessiert und manchmal nicht? Dann ist er vermutlich satt, wenn er sie nicht annimmt. Wenn Sie Ihren Hund mit Leckerchen erziehen möchten, sollte er nicht gerade gefressen haben, wenn Sie mit ihm üben. Außerdem ist es wichtig, dass die Leckerchen besonders schmackhaft und schätzenswert sind. Geben Sie ihm im Alltag auch nicht einfach ohne Grund einmal ein Leckerchen zwischendurch, sonst schätzt er Leckerlis nicht mehr als etwas Besonderes.

## Problem: Der Hund beißt nach einiger Zeit in die Leine. Was heißt das?

Meistens haben Sie einfach zu lange trainiert und sollten eine Pause machen. Spielen Sie zum Abschluss ein wenig mit Ihrem Hund und machen Sie erst am nächsten Tag weiter.

## Problem: Der Hund reagiert nicht auf das Signalgeräusch, wenn er stark abgelenkt ist. Was soll ich machen?

Wenn er erst einmal so stark abgelenkt ist, dass er nicht mehr reagiert, dann hilft nur warten. Suchen Sie sich in Zukunft eine Umgebung, die Ihren Hund nicht so stark beschäftigt und steigern Sie den Ablenkungsgrad mit zunehmender Sicherheit Ihres Hundes.

# Lektion 7: Das „Fuß"-Kommando

Entgegen einer weiterverbreiteten Meinung, bedeutet das Kommando „Fuß" beim Gassigehen nicht, dass der Hund nicht an der Leine ziehen soll. Sondern das „Fuß"-Kommando bedeutet, dass der Hund mit seiner Schulter genau neben dem Hundehalter hergeht und dabei auf jede Bewegung seines Halters reagiert. Das ist für Hunde überaus anstrengend und kann deswegen nur etwa einhundert Meter am Stück funktionieren.

Das „Fuß"-Kommando ist also kein Befehl, den man für das entspannte Gassigehen verwenden kann, dafür ist das „Gehen an der lockeren Leine" das richtige Training. Das „Fuß"-Kommando ist vielmehr ein Befehl für ganz bestimmte Situationen, in denen man seinen Hund besonders kontrollieren muss. Zum Beispiel, wenn man mit ihm über die Straße geht oder der Hund etwas, das am Wegesrand liegt, nicht fressen soll. Es ist also durchaus wichtig, dass Ihr Hund diesen Befehl lernt, da es im Alltag immer wieder einmal zu Situationen kommt, wo man ihn braucht.

## Das Trainingsziel

Wenn wir das Kommando „Fuß" geben, soll der Hund über eine kurze Entfernung von etwa einhundert Metern genau auf Kniehöhe neben uns herlaufen. Dabei soll er jeder Bewegung folgen, die wir machen. Das ist nützlich bei gefährlichen oder ablenkenden Situationen, wie zum Beispiel wenn man mit seinem Hund eine Straße überqueren muss oder verhindern möchte, dass er ein paar gammelige Currywurstreste frisst, die er auf dem Boden gefunden hat. Sobald wir ihm das Abschlusskommando („Auf") geben, darf er wieder entspannt neben uns hergehen.

# Fehler bei der Ausführung

Der größte Fehler, den man beim Training des „Fuß"-Kommandos machen kann, ist den Hund zu loben oder mit einem Leckerchen zu belohnen, wenn er nicht genau an der richtigen Stelle läuft, nämlich mit seiner Schulter auf der Höhe unseres rechten Beins. Das „Gehen an der lockeren Leine" reicht für diese Übung nicht aus. Der Hund muss lernen zwischen dem „Fuß"-Kommando und dem „Gehen an der lockeren Leine" zu unterscheiden. Deswegen muss man besonders darauf achten, ihn immer nur dann zu loben und zu belohnen, wenn er es genau richtig macht.

Ein weiterer Fehler, der sich beim Üben des „Fuß"-Befehls leicht einschleicht, ist beim Training zu viel vom seinem Hund zu verlangen. Wenn der Hund einige Schritte konzentriert neben Ihnen läuft, ist das für die ersten Übungsschritte schon ein toller Erfolg und Sie sollten Ihren Hund auch dementsprechend loben. Bis der Hund den „Fuß"-Befehl beherrscht, kann es einige Tage dauern.

Außerdem sollten Sie beim „Fuß"-Training die Übungszeiten sehr kurz halten. Legen Sie viele kurze Pausen zwischen den Übungen ein, da jede Übung ein Höchstmaß an Konzentration von Ihrem Hund verlangt und sehr schwer für ihn auszuführen ist.

### Worauf Sie achten sollten

*Wenn Sie das Training außerhalb des Hauses machen, sollte der Hund immer angeleint sein. Nicht damit er durch die Leine kontrolliert wird, sondern aus den üblichen Sicherheitsgründen. In Gebieten, wo Sie Ihren Hund auch sonst frei laufen lassen dürfen, können Sie das Training natürlich auch ohne Leine machen, wenn Sie möchten.*

*Verwenden Sie niemals den Befehl „Fuß", wenn der Hund nur an der lockeren Leine gehen soll, weil ihn das verwirrt.*

*Schimpfen Sie niemals mit Ihrem Hund, wenn er zu Ihnen herankommt, egal ob bei dieser Übung oder im Allgemeinen. Ihr Hund merkt sich sonst, dass es negative Konsequenzen hat, zu Ihnen zu kommen. Das erschwert das Training ungemein. Außerdem ist es nicht zuträglich für ein harmonisches Miteinander zwischen Halter und Hund.*

*Vergessen Sie nicht, den „Fuß"-Befehl immer mit dem Abschlusskommando („Auf") aufzulösen, auch wenn Ihr Hund anfangs nur sehr kurz mit Ihnen mitgeht. Nur so lernt er, dass er das „Fuß"-Kommando solange durchhalten soll, bis er daraus entlassen wird.*

Lassen Sie sich Zeit beim Trainieren des „Fuß"-Kommandos. Es ist wichtig, dass Ihr Hund jeden Trainingsschritt perfekt beherrscht, bevor Sie zum nächsten übergehen. Sie sollten das Training daher nicht zu schnell durchlaufen.

# Trainingsplan

Wenn Ihr Hund eine der Übungen im nachfolgenden Trainingsplan „Fuß" gut kann, können Sie zur nächsten übergehen.

Es ist wichtig, Ihren Hund nicht überfordern. Mehrere kurze Trainingseinheiten täglich sind viel effektiver als eine lange. Nach etwa drei Minuten sollten Sie eine Pause einlegen. Wenn Sie merken, dass Ihr Hund unkonzentriert wird oder sich leicht ablenken lässt, sollten Sie eine längere Pause einlegen oder am nächsten Tag weiterüben.

Nach dem Training sollte Ihr Hund den „Fuß"-Befehl grundsätzlich beherrschen. Nach und nach sollten Sie ihm immer seltener mit Leckerchen belohnen, wenn er den Befehl richtig ausführt. Aber Sie sollten nie vollständig damit aufhören, sondern ihm ruhig alle paar Tage einmal eins zur Belohnung geben.

# Trainingsplan - „Fuß"

## Übung 1

| | |
|---|---|
| Was? | Stellen Sie sich neben Ihren Hund und schauen Sie in die gleiche Richtung wie er. Dabei sollte seine Schulter auf der Höhe Ihres rechten Beins sein. Sagen Sie nun „Fuß" und halten Sie ihm ein Leckerchen hin. Gehen Sie dann einen Schritt nach vorn. Wenn der Hund Ihnen folgt, geben Sie ihm das Leckerchen. Sagen Sie „Auf". Gehen Sie danach ein paar Schritte vom Hund weg. |
| Wo? | Zuhause |
| Wie oft? | Etwa 5 Wiederholungen, danach eine kurze Pause. |
| Was beachten? | Wenn der Hund nicht mit seiner Schulter auf der Höhe Ihres rechten Beins ist, nachdem Sie den Schritt nach vorn gemacht haben, geben Sie ihm kein Leckerchen. |

## Übung 2

| | |
|---|---|
| Was? | Gehen Sie vor wie in Übung 1, aber geben Sie Ihrem Hund diesmal erneut den „Fuß"-Befehl, nachdem Sie ihm das Leckerchen gegeben haben, anstelle von „Auf". Halten Sie ihm daraufhin ein zweites Leckerchen hin und gehen Sie wieder einen Schritt nach vorn. Wenn der Hund folgt, geben Sie ihm das Leckerchen und sagen Sie „Auf". Gehen Sie danach ein paar Schritte vom Hund weg. |
| Wo? | Zuhause |
| Wie oft? | Etwa 5 Wiederholungen, danach eine kurze Pause |

| | |
|---|---|
| Was beachten? | Wenn der Hund nicht mit seiner Schulter auf der Höhe Ihres rechten Beins ist, nachdem Sie den Schritt nach vorn gemacht haben, geben Sie ihm kein Leckerchen. |

## Übung 3

| | |
|---|---|
| Was? | Gehen Sie wieder vor wie in Übung 1. Gehen Sie aber diesmal nicht nur einen Schritt vorwärts, während Sie Ihrem Hund das Leckerchen vor die Nase halten, sondern gleich zwei Schritte am Stück. |
| Wo? | Zuhause |
| Wie oft? | Etwa 5 Wiederholungen, danach eine kurze Pause |
| Was beachten? | Wenn der Hund nach den zwei Schritten nicht mit seiner Schulter auf der Höhe Ihres rechten Beins ist, geben Sie ihm kein Leckerchen. |

## Übung 4

| | |
|---|---|
| Was? | Gehen Sie wieder vor wie in Übung 1. Gehen Sie aber diesmal nicht nur einen Schritt vorwärts, während Sie Ihrem Hund das Leckerchen vor die Nase halten, sondern gleich fünf Schritte am Stück. |
| Wo? | Zuhause |
| Wie oft? | Etwa 5 Wiederholungen, danach eine kurze Pause |
| Was beachten? | Wenn der Hund nach den fünf Schritten nicht mit seiner Schulter auf der Höhe Ihres rechten Beins ist, geben Sie ihm kein Leckerchen. |

## Übung 5

| | |
|---|---|
| Was? | Gehen Sie wieder vor wie in Übung 1. Gehen Sie aber diesmal nicht nur einen Schritt vorwärts, während Sie Ihrem Hund das Leckerchen vor die Nase halten, sondern gleich zehn Schritte am Stück. |
| Wo? | Zuhause |
| Wie oft? | Etwa 5 Wiederholungen, danach eine kurze Pause |
| Was beachten? | Wenn der Hund nach den zehn Schritten nicht mit seiner Schulter auf der Höhe Ihres rechten Beins ist, geben Sie ihm kein Leckerchen. |

## Übung 6

| | |
|---|---|
| Was? | Jetzt wird es schwerer. Gehen Sie wieder vor wie in Übung 1, nur diesmal gehen Sie 15 Schritte vorwärts (mehr, wenn es sehr gut klappt) und ändern Sie dabei die Geschwindigkeit von langsam zu schnell und umgekehrt. |
| Wo? | Zuhause |
| Wie oft? | Etwa 5 Wiederholungen, danach eine kurze Pause |
| Was beachten? | Wenn der Hund nach den 15 Schritten nicht mit seiner Schulter auf der Höhe Ihres rechten Beins ist, geben Sie ihm kein Leckerchen. |

## Übung 7

| | |
|---|---|
| Was? | Jetzt wird es noch schwerer. Gehen Sie wieder vor wie in Übung 1, nur diesmal gehen Sie circa 15 Schritte vorwärts (mehr, wenn es sehr gut klappt) und ändern Sie dabei die Richtung, indem Sie Kurven laufen. |
| Wo? | Zuhause |
| Wie oft? | Etwa 5 Wiederholungen, danach eine kurze Pause |
| Was beachten? | Wenn der Hund nach den 15 Schritten nicht mit seiner Schulter auf der Höhe Ihres rechten Beins ist, geben Sie ihm kein Leckerchen. |

## Übung 8

| | |
|---|---|
| Was? | Jetzt wird es noch schwerer. Gehen Sie wieder vor wie in Übung 1, nur diesmal gehen Sie nicht nur einen Schritt, während Sie ihm das Leckerchen vor die Nase halten, sondern versuchen circa 30 - 50 Meter (je mehr, desto besser) mit dem Hund zu laufen. Danach geben Sie ihm das Leckerchen. |
| Wo? | Zuhause |
| Wie oft? | Etwa 5 Wiederholungen, danach eine kurze Pause |
| Was beachten? | Wenn der Hund während des Laufens nicht mehr auf der Höhe Ihres rechten Beins ist, brechen Sie ab. Versuchen Sie es beim nächsten Mal mit einer kürzeren Distanz. |

## Übung 9

| | |
|---|---|
| Was? | Wie Übung 8, aber mit dem Unterschied, dass Sie Ihrem Hund jetzt nicht mehr zu Beginn ein Leckerchen hinhalten, sondern direkt mit dem „Fuß"-Kommando starten. Zur Belohnung gibt es aber am Ende immer noch ein Leckerchen. |
| Wo? | Zuhause |
| Wie oft? | Etwa 5 Wiederholungen, danach eine kurze Pause |
| Was beachten? | Wenn der Hund am Ende der Übung nicht mit seiner Schulter auf der Höhe Ihres rechten Beins ist, geben Sie ihm kein Leckerchen. Wenn er während des Laufens nicht mehr auf Beinhöhe ist, brechen Sie ab. Versuchen Sie es beim nächsten Mal mit einer kürzeren Distanz. |

## Übung 10

| | |
|---|---|
| Was? | Wie Übung 9, nur dass Sie jetzt nur noch bei jedem zweiten Durchlauf ein Leckerchen geben. Wenn dies gut klappt, sollten Sie das Geben der Leckerchen schrittweise weiter reduzieren. |
| Wo? | Zuhause. |
| Wie oft? | Etwa 5 Wiederholungen, danach eine kurze Pause |
| Was beachten? | Wenn der Hund am Ende der Übung nicht mit seiner Schulter auf der Höhe Ihres rechten Beins ist, geben Sie ihm kein Leckerchen.<br>Wenn er während des Laufens nicht mehr auf Beinhöhe ist, brechen Sie ab. Versuchen Sie es beim nächsten Mal mit einer kürzeren Distanz. |

# Lektion 8: An die Hundebox gewöhnen

Was den Einsatz von Hundeboxen betrifft, scheiden sich die Geister. Viele Hundeexperten sind der Ansicht, dass das Gewöhnen an die Hundebox genauso zur Hundehaltung gehört, wie eine ordentliche Gesundheitsfürsorge und eine ausreichende Erziehung. Manche Hundehalter machen sich jedoch Sorgen darüber, dass es grausam sein könnte, seinen Hund in eine Hundebox zu geben. Da ist es gut zu wissen, dass Hunde Lebewesen sind, die gerne in höhlenartigen Bauten leben. Sie mögen es, einen geschützten Rückzugsort zu haben. Hunde, die behutsam an ihre Hundebox gewöhnt wurden, sehen in ihrer Hundebox genau das.

Viele Hunde gehen gerne und von ganz allein in ihre Hundebox, um darin zu schlafen oder auszuruhen. Gemütlich ausgestattet, ist eine Hundebox wie eine kleine Höhle, in der sich der Hund geborgen und sicher fühlt. Wenn man die Hundebox richtig einsetzt, ist daran nicht inhumanes. Ihr Zweck ist nicht, den Hund den ganzen Tag darin eingeschlossen zu lassen, während man sich bei seiner Arbeitsstelle befindet, sondern den Hund nur selten und für kurze Zeitabstände hineinzugeben, wenn es sich einmal nicht vermeiden lässt. Ansonsten sollte die Hundebox immer geöffnet bleiben und dem Hund zur freien Verfügung stehen.

Für Hundebesitzer kann es durchaus eine Beruhigung sein, zu wissen, dass sie ihren Hund in die Hundebox geben können, wenn sie ihn einmal nicht beaufsichtigen können und ihm darin nichts passieren kann. Es gibt zweifellos Situationen, in denen eine Hundebox eine sehr große Hilfe sein kann. Bei der Erziehung zur Stubenreinheit, ganz gleich, ob der Hund noch ein Welpe oder bereits erwachsen ist, ist eine Hundebox ein wertvolles Hilfsmittel. Auch das Reisen mit dem Hund ist oft nur möglich, wenn man eine Hundebox benutzt, da Fluggesellschaften, aber auch viele Hotels, den Einsatz einer Hundebox zur Bedingung machen. Die Hundebox kann aber auch dazu dienen, den Hund vor Gefahren zu schützen. Beim Autofahren beispielsweise schafft sie eine erhöhte Sicherheit für den Hund, da sie ihm in den Kurven und beim Bremsen Halt bietet.

Im Laufe eines Hundelebens kann es immer wieder einmal Gründe geben, warum der Hund vorübergehend in die Hundebox muss. Dann ist es von Vorteil, wenn er bereits an seine

Box gewöhnt ist. Am allerbesten ist es natürlich, wenn er sie mag und gerne darin liegt. Die Hundebox kann nämlich, sofern man sie richtig verwendet, ein Ort der Ruhe für den Hund sein, an den er sich zurückziehen kann, wenn ihm seine Umgebung einmal zu hektisch oder zu anstrengend wird oder er sich an einem fremden Ort befindet.

# Die richtige Hundebox für seinen Hund auswählen

Der Fachhandel bietet verschiedene Typen von Hundeboxen zur Auswahl an. Man kann zwischen Transportboxen aus Kunststoff, Hundekäfigen aus Draht oder faltbaren Boxen aus flexiblen Materialien wie Stoff oder Nylonnetz wählen.

Viele Hundehalter bevorzugen Drahtkäfige, weil sie schnell auf- und abzubauen sind. Außerdem kann man sie leicht zu reinigen, da der Boden aus einer Kunstoffwanne besteht, die sich abwaschen lässt. Manche dieser Drahtkäfige werden auch mit einem extra Trenngitter geliefert, was recht praktisch ist, weil man den Innenraum des Käfigs damit an die Größe seines Hundes anpassen kann.

Hundeboxen aus Kunststoff sind ebenfalls gut geeignet. Man sieht sie hin und wieder auf Flughäfen, wo sie als Transportboxen für das Verreisen mit dem Flugzeug eingesetzt werden. Sie sind zwar nicht ganz so einfach zu reinigen wie Drahtkäfige, haben aber dafür den Vorteil, dass sie über drei feste Kunststoffwände und eine Eingangstür verfügen. Dadurch wirken sie wie eine kleine Hundehütte und viele Hunde benutzen sie wegen ihres höhlenartigen Charakters gerne als Schlafplatz.

Als drittes gibt es faltbare Boxen aus Stoff oder Nylon. Sie sind praktisch, weil man sie einfach zusammenfalten und bequem überallhin mitnehmen kann. Auch sie wirken wie eine kleine Hundehütte und bieten dem Hund einen vertrauten Schlafplatz für unterwegs. Allerdings sind sie nicht sehr stabil und halten Hundezähnen auf Dauer nicht stand. Zudem sind diese flexiblen Boxen nicht als Transportbox für Fahrten im Auto geeignet.

Ganz gleich für welche Ausführung man sich entscheidet, die richtige Größe ist von entscheidender Bedeutung. Die Hundebox darf nicht zu groß sein, aber natürlich auch nicht zu klein. Der Hund sollte in seiner Hundebox ausreichend Platz haben, um sich darin bequem hinlegen, stehen und drehen zu können. Besonders wenn man die Hundebox als Hilfsmittel für die Erziehung zur Stubenreinheit einsetzen möchte, sollte man unbedingt darauf achten, dass die Box ausreichend Platz bietet, dass der Hund darin bequem liegen kann, aber wiederum nicht so groß ist, dass er in der einen Ecke schlafen und in der anderen sein Geschäftchen machen kann.

# Der Hund soll die Box mit positiven Erfahrungen verbinden

Die Hundebox soll für den Hund etwas Positives sein. Deswegen sollte man seinen Hund ganz behutsam an sie gewöhnen. Der Innenraum der Box sollte gemütlich mit einer weichen Unterlage ausgestattet sein. Außerdem kann man das Lieblingsspielzeug seines Hundes hineinlegen, damit er etwas Vertrautes darin findet. Solange der Hund sich noch nicht an die Hundebox gewöhnt hat, sollte die Tür immer offen bleiben. So kann er sie auf eigene Faust erkunden. Idealerweise beginnt man bereits im Welpenalter damit, seinen Hund an die Hundebox zu gewöhnen, aber auch erwachsene Hunde können, mit etwas Geduld, mit einer Hundebox vertraut gemacht werden.

Als Grundregel gilt: Man sollte unbedingt darauf achten, dass der Hund Erfahrungen, die er mit der Hundebox macht, als angenehm empfindet. Jede Begegnung mit der Hundebox sollte für den Hund ein positives Erlebnis sein.

# Was man keinesfalls tun sollte

Es gibt einige einfache Dinge, die man beachten sollte, wenn man eine Hundebox benutzen möchte.

1. Man sollte seinen Hund niemals dazu zwingen, in die Box zu gehen. Verbringt man einen Hund gegen seinen Willen in eine Hundebox, erzeugt das automatisch eine Abneigung gegen sie, im schlimmsten Fall entwickelt der Hund sogar Angst vor ihr. Der Hund merkt sich nämlich, dass die Hundebox etwas Unangenehmes für ihn darstellt und betritt sie dann nicht mehr freiwillig.

2. Ganz wichtig ist, die Hundebox niemals als Mittel zur Bestrafung einzusetzen. Sie sollte für den Hund immer ein Ort der Sicherheit und Ruhe sein. Schließt man seinen Hund zur Strafe darin ein, wird er seine Hundebox mit unangenehmen Gefühlen verbinden und nicht mehr gerne hinein gehen. Das könnte dazu führen, dass er in Zukunft ängstlich und unsicher ist, wenn er einmal in die Box muss.

3. Weiterhin sollte man unbedingt darauf achten, dass der Hund niemals gestört wird, wenn er in seiner Box liegt. So lernt er, die Box als sicheren Hafen zu schätzen, wohin er sich zurückziehen kann, wenn er müde ist oder seine Ruhe haben möchte. Sind Kinder im Haus, sollten auch sie das Ruhebedürfnis des Hundes respektieren.

4. Der Hund sollte übrigens keinesfalls sein Halsband tragen, wenn er in seiner Hundebox ist. Das Halsband könnte sich im Draht der Box verhaken und den Hund erwürgen.

# Wo sollte man die Hundebox platzieren?

Am besten stellt man die Hundebox an einen Platz, an dem sich der Hund nicht abgeschoben fühlt. Hunde sind gerne in das Familienleben eingebunden und fühlen sich einsam, wenn sie nicht Teil des Geschehens sein können. Günstig ist es, die Hundebox so aufzustellen, dass sie dem Hund einen guten Überblick erlaubt, aber trotzdem nicht im Weg steht. Dabei sollte die Tür zur Hundebox grundsätzlich immer offen bleiben, so dass der Hund sie freiwillig betreten und verlassen kann, wann immer er möchte.

# Darf man die Tür der Hundebox auch schließen?

Es kann gelegentlich notwendig sein, den Hund für einen kurzen Zeitraum in seiner Hundebox einzuschließen. Sei es beim Autofahren, aber auch innerhalb der Wohnung, wenn man den Hund einmal nicht beaufsichtigen kann. Bevor man seinen Hund in die Box einschließt, sollte man ihn aber unbedingt behutsam daran gewöhnen, dass die Tür auch einmal zu sein kann. Aber, selbst wenn der Hund gut an die Hundebox gewöhnt ist und die geschlossene Tür ohne Probleme akzeptiert, sollte man ihn niemals zu lange darin einsperren. Er könnte sonst eine Abneigung gegen seine Box entwickeln und nicht mehr freiwillig hinein gehen.

# Wann sollte man keine Hundebox verwenden?

Es gibt natürlich auch Hunde, für die eine Hundebox nicht die richtige Lösung ist. Dazu gehören in aller Regel Hunde, die unter Trennungsangst leiden. Es gibt zwar hin und wieder Hunde mit Trennungsangst, auf die die Hundebox eine beruhigende Wirkung ausübt, aber bei den meisten steigert es die Panik ganz erheblich, wenn man sie in eine Hundebox sperrt und dann allein lässt. Bei dem verzweifelten Versuch, sich aus der Box zu befreien, erleiden sie mitunter schlimme Verletzungen, wie abgebrochene Zähne oder gebrochene Pfoten. Oft urinieren oder koten sie vor lauter Angst ein und müssen dann stundenlang, starr vor Angst, eingesperrt im eigenen Schmutz verbringen. Hunde mit einer Trennungsangst-Problematik sollte man nicht in eine Hundebox einschließen und dann allein lassen.

Eine weitere Gruppe von Hunden, die man nicht in eine Hundebox einschließen sollte, sind Hunde, die unter Zwangsstörungen leiden, wie zum Beispiel Pfoten-Lecken, Im-Kreis-Drehen oder stundenlangem Auf-und-ab-Laufen. Manche Hunde entwickeln derartige Störungen, weil sie lange Phasen der Langeweile oder des Eingesperrtseins ertragen mussten. Das Einschließen in eine Hundebox kann den Zustand eines Hundes mit einer derartigen Störung noch verschlimmern.

Der Einsatz einer Hundebox kann sich auch bei sehr dominanten Hunden als problematisch erweisen. Wenn diese Hunde die Hundebox als ihr persönliches Eigentum betrachten, kann es vorkommen, dass sie sie sehr vehement durch Knurren oder sogar Beißen verteidigen, wenn man sich der Box nähert oder den Hund herausholen möchte. In einem solchen Fall sollte man das aggressive Verhalten seines Hundes sehr ernst nehmen. Das Kapitel „Aggressives Verhalten" befasst sich mit dem Umgang mit aggressiven Hunden.

# Fazit

Eine Hundebox kann in manchen Situationen eine hilfreiche Lösung sein. Aber auch wenn der Hund die Box gut akzeptiert, sollte man ihn niemals zu lange darin einsperren, damit er die Box nicht mit negativen Gefühlen verknüpft. Die Hundebox sollte für den Hund eine Ort der Ruhe und des Rückzugs sein. Sie sollte ihm immer zur Verfügung stehen, damit er hineingehen kann, wenn ihm seine Umgebung einmal zu turbulent wird. Grundsätzlich sollte ihre Tür immer offen stehen, so dass der Hund die Box betreten und verlassen kann, wie er es selbst möchte. Wenn der Hund seine Hundebox mag und sich gerne darin aufhält, kann man gelegentlich die Türe schließen, wenn es die Situation erfordert. Man sollte dabei aber nicht vergessen, dass das Einschließen nicht der Bequemlichkeit des Hundes, sondern seines Besitzers dient.

# Den Hund an seine Hundebox gewöhnen

Wenn man seinen Hund an eine Hundebox gewöhnen möchte, muss man sehr langsam und behutsam vorgehen. Für den Erfolg des Trainings ist es von entscheidender Bedeutung, dass man niemals Zwang ausübt. Der Hund sollte seine Box zunächst immer freiwillig betreten und verlassen dürfen. Auf keinen Fall sollte man den Hund in die Box hineinschubsen und dann die Türe hinter ihm schließen.

# Training

Um Ihren Hund an die Hundebox zu gewöhnen, folgenden Sie der nachfolgenden Schritt-für-Schritt-Anleitung.

## Schritt eins

Damit Ihr Hund sich in aller Ruhe an die Box gewöhnen kann, sollte er die Möglichkeit bekommen, sie nach eigenem Belieben zu erkunden. Am einfachsten geht das, indem man ein paar schmackhafte Leckerchen in die Hundebox legt und den Hund dann in die Nähe der Box bringt. Wenn Ihr Hund sich in der Nähe der Box befindet, lassen Sie, wie ganz zufällig, zuerst einige Leckerbissen in der Nähe der Box fallen, dann in der Nähe des Eingangs und werfen Sie zu guter Letzt einige Leckerchen hinein. Sobald Ihr Hund die Hundebox betritt, sollten Sie ihn dafür loben. In dieser Phase sollte die Tür zur Box immer offenbleiben. Sobald Ihr Hund die Hundebox regelmäßig ohne Anzeichen von Nervosität oder Unruhe betritt und die darin ausgelegten Leckerbissen ganz entspannt futtert, können Sie zu Schritt zwei übergehen.

## Schritt zwei

Nun soll Ihr Hund lernen, sein Futter in der Hundebox zu fressen. Auch hierbei geht man wieder ganz behutsam vor. Zunächst stellt man den Futternapf des Hundes vor den Eingang der Box und noch nicht hinein. Wenn Ihr Hund sein Futter einige Male vor der Box gefressen hat und dabei ganz entspannt geblieben ist, können Sie seinen Futternapf beim nächsten Mal in die Box hineinstellen. Auch in dieser Phase bleibt die Tür immer offen und dem Hund steht es frei, die Box zu verlassen, wann immer er möchte. Auf diese Weise verbindet der Hund die Hundebox mit etwas, dass er angenehm findet. Bitte achten Sie darauf, den Hund niemals zu loben, wenn er die Box verlässt, sondern immer nur, wenn er sich darin befindet und dabei ruhig und entspannt ist.

## Schritt drei

Sobald Ihr Hund sein Futter regelmäßig in seiner Hundebox frisst, ohne dabei nervös oder ängstlich zu sein, soll er lernen, die geschlossene Tür zu akzeptieren. Auch hierbei geht man wieder ganz behutsam vor. Anfangs macht man die Tür nur ganz kurz zu, ein paar Sekunden reichen schon aus. Wenn der Hund die geschlossene Tür gut annimmt, kann man die Zeitspanne ein klein wenig erhöhen. Sollte der Hund anfangen zu winseln oder zu jaulen, war die Zeit zu lang und sollte beim nächsten Mal etwas reduziert werden. Nehmen Sie Ihren Hund jedoch nicht aus der Box, während er winselt oder jault, sondern warten Sie, bis er einmal kurz damit aufhört und nehmen in Sie ihn in diesem Moment sofort heraus. Wenn Sie ihn herausnehmen, während er winselt, bringen Sie ihm bei, dass Winseln oder Jaulen der Weg ist, wie er sich aus der Hundebox befreien kann. Lassen Sie Ihren Hund bei Schritt drei niemals allein, während er sich in der Box befindet.

Erhöhen Sie die Zeitspanne, die Ihr Hund bei geschlossener Tür in der Hundebox verbringen soll, kontinuierlich. Platzieren Sie die Box in einen Raum, in dem Ihr Hund nicht allein ist. Loben und belohnen Sie ihn, wenn er bei geschlossener Tür ruhig und entspannt bleibt. Versuchen Sie niemals ihn zu beruhigen, wenn er in der Box winselt oder jault. Loben und streicheln Sie ihn aber sofort, sobald er sich wieder ruhig verhält. Auf diese Weise bringen Sie ihrem Hund bei, sich ruhig in seiner Box aufzuhalten.

Man sollte erwachsene Hunde nie länger als vier bis sechs Stunden am Stück in ihre Hundebox einschließen, für Welpen gelten erheblich kürzere Zeiten. Wie aber bereits erwähnt, sollte es nicht zur Regel werden, den Hund in seine Box einzuschließen, sondern immer nur in Ausnahmefällen vorkommen.

# Lektion 9: Stubenreinheit

Wenn man einen neuen Hund ins Haus nimmt, ist es durchaus möglich, dass er noch nicht stubenrein ist. Sollte es sich um einen Welpen handeln, ist das sogar höchst wahrscheinlich. Aber manchmal sind auch erwachsene Hunde noch nicht stubenrein oder haben wieder verlernt, es zu sein.

## Es gibt zwei Herangehensweisen bei der Stubenreinheit

Die meisten Hundebesitzer möchten, dass ihr Hund sein Geschäft außerhalb des Hauses beziehungsweise außerhalb der Wohnung, also im Freien, macht. Man kann seinem Hund aber auch beibringen, sich auf einer Hundetoilette innerhalb des Hauses zu erleichtern. Für beide Herangehensweisen ist das Training nahezu identisch, nur der Ort, wo der Hund sein Geschäft macht, ist unterschiedlich. Man sollte dazu wissen, dass Hunde immer nur eine Herangehensweise lernen können. Wählt man die Außer-Haus-Methode, kann man seinem Hund nicht gleichzeitig beibringen, auch auf die Hundetoilette im Haus zu gehen und umgekehrt.

Beide Herangehensweisen habe Vor- und Nachteile, die wir im folgenden Absatz erläutern werden.

### Die Außer-Haus-Methode

Erziehung zur Stubenreinheit bedeutet, seinem Hund beizubringen, sein Geschäft nur noch an dafür vorgesehenen Orten zu machen. Bei der Außer-Haus-Methode sind das Plätze außerhalb des Hauses beziehungsweise außerhalb der Wohnung. Sich im Freien zu erleichtern, ist besonders gut geeignet für große Hunde, weil sie nicht so oft müssen wie kleine. Kleine Hunde müssen in der Regel öfter urinieren als große, manche können nicht einmal die ganze Nacht einhalten. Besitzer von kleinen Hunden finden es deswegen mitunter etwas lästig, wenn sie bei Wind und Wetter mehrmals täglich mit ihrem Hund vor die Tür müssen.

Grundsätzlich lässt sich sagen, dass Besitzer größerer Hunde, sehr aktive Hundebesitzer oder Hundehalter, die über einen eigenen Garten verfügen, meistens recht gut mit der Außer-Haus-Methode zurechtkommen.

**Außer-Haus-Methode**

**Pro**

- Geringes Risiko, sich drinnen am falschen Platz zu erleichtern
- Große Hunde brauchen etwas mehr Platz für ihr Geschäft
- Oft etwas leichter beizubringen
- Sozial akzeptierte Methode

**Contra**

- Man muss die Hinterlassenschaft des Hundes bis zum nächsten Mülleimer mit sich herumtragen.
- Falls der Hund keine Hundeklappe oder Hundetür benutzen kann, muss er immer warten, bis jemand mit ihm nach draußen geht.

## Die Im-Haus-Methode

Seinem Hund beizubringen, sich nur an einer bestimmte Stelle innerhalb des Hauses oder der Wohnung zu erleichtern, zum Beispiel auf seiner Hundetoilette oder auf einigen extra dafür ausgelegten Zeitungsblättern, bietet gegenüber dem Gassigehen im Freien einige Vorteile.

Zum einen erleichtert es dem Hund das Leben, denn er kann sein Geschäft dann machen, wenn er muss und braucht nicht zu warten, bis sein Besitzer mit ihm Gassi geht. Das ist auch der Hauptgrund, warum diese Methode besonders empfehlenswert für kleinere Hunde ist, denn wie bereits erwähnt, müssen kleine Hunde öfter mal 'raus als große. Für sie kann es besonders morgens sehr unangenehm sein, wenn sie zu lange warten müssen, bis sie nach draußen kommen.

Zum zweiten erleichtert die Im-Haus-Methode das Entfernen der Hinterlassenschaften des Hundes. Man braucht den Kot einfach nur in der Toilette herunterzuspülen oder die beschmutzte Zeitung in den Müll zu tun. Im Freien muss man eine Plastiktüte mit dem aufgesammelten Hundekot mit sich herumtragen, bis man an eine öffentliche Mülltonne kommt. Das ist vielen Hundehaltern verständlicherweise etwas unangenehm.

Gegner der Im-Haus-Methode argumentieren damit, dass Hunde, die ihre Toilette im Haus haben, nicht mehr ausreichend oft nach draußen kommen und daher an Bewegungsmangel leiden. Dem kann man aber entgegen halten, dass es sehr viele Hunde gibt, die zwar ihr Geschäft im Freien machen, aber höchstens zweimal täglich zum nächsten Baum und zurück geführt werden. Beides ist selbstverständlich nicht richtig. Jeder Hundehalter sollte darauf achten, dass sein Schützling regelmäßig genug Bewegung im Freien bekommt, ganz gleich welche Methode der Stubenreinheit verwendet wird.

## Im-Haus-Methode

### Pro

- Der Hund muss nicht warten, bis er sein Geschäft machen darf.
- Kot und Urin sind leicht zu entsorgen.
- Man braucht nicht alle paar Stunden 'raus mit dem Hund.
- Gut geeignet für alte und kranke Tiere.

### Contra

- Methode wird von vielen Hundebesitzern noch nicht akzeptiert.
- Für große Hunde nicht ganz so gut geeignet.
- Anfangs kann es vorkommen, dass einmal etwas daneben geht.

Bei der Im-Haus-Methode kann man prinzipiell zwischen zwei Systemen wählen, der Hundetoilette und dem Zeitungspapier. Fertige Toilettenkästchen, die man mit speziellem Hundestreu befüllt, gibt es mittlerweile im Fachhandel zu kaufen. Sollten Sie sich für dieses System entscheiden, achten Sie bitte darauf, keinesfalls Katzenstreu zu verwenden, da es für Hunde nicht geeignet ist. Man kann natürlich auch einen kleines Areal mit Zeitungspapier auslegen und dem Hund beibringen, darauf sein Geschäft zu machen.

Welchen Platz man dafür wählt, hängt von der Beschaffenheit des Wohnraums ab. Gut geeignet ist natürlich die Toilette oder das Badezimmer, da man dort den Fußboden leicht reinigen kann, falls einmal etwas daneben geht.

Wichtig ist auch, dass der Hund zu jeder Zeit Zugang zu seiner Toilette hat, denn sonst bleibt ihm womöglich nichts anderes übrig, als sein Geschäft an einer anderen Stelle in der Wohnung zu machen.

Unterschiede zwischen der Verwendung von Papier und Hundestreu

**Papier**

Pro

- Preisgünstig, wenn man sowieso Zeitung liest.
- Funktioniert auch bei großen Hunden.

Contra

- Manche Hundebe-sitzer müssen die Zeitung nur für das Hundeklo kaufen.

**Hundestreu**

Pro

- Gut geeignet für kleine und mittelgroße Hunde.

Contra

- Man muss die Box regelmäßig schrubben.
- Man muss das Hundestreu kaufen.

# Ein wenig Theorie zum Thema „Stubenreinheit“

Damit Sie Ihren Hund erfolgreich zur Stubenreinheit erziehen können, befasst sich das folgende Kapitel ein wenig mit der dazugehörigen Theorie. Dabei wird erklärt, wie man diese Theorie in den betreffenden Situationen anwendet.

## Das Prinzip

Hunde sind Tiere, die gerne in Bauten oder Höhlen leben. Ihr angeborener Sauberkeitsinstinkt veranlasst sie dazu, ihre Bauten, die ja ihre Schlaf-, Ess- und Ruheplätze sind, sauber zu halten. Sogar ganz junge Welpen, ab etwa einem Alter von fünf Wochen, beginnen schon damit, eine ganz bestimmte Stelle aufzusuchen, die etwas abseits vom Schlafplatz gelegen ist, um dort ihr Geschäftchen zu verrichten. Allerdings klappt das erst so richtig ab einem Alter von etwa 16 Wochen. Vorher haben die Kleinen noch keine ausreichende Kontrolle über ihre Schließmuskulatur.

Dieser natürliche Sauberkeitsinstinkt des Hundes verleitet oft fälschlicherweise zu der Annahme, dass Hunde das Haus, in dem sie wohnen, nicht beschmutzen, da dies ja ihr Wohnbereich ist. Das ist aber leider nicht so. Hunde, die in einem Haus oder einer Wohnung leben, betrachten nicht das gesamte Haus als ihren Bau oder ihre Höhle, sondern sehen nur ein kleines Areal davon als ihren Schlaf- oder Ruheplatz an. Der Rest des Hauses gehört für sie nicht dazu. Deswegen haben sie auch keinerlei Hemmungen, sich innerhalb des Hauses zu erleichtern, solange sich die betreffende Stelle nur weit genug entfernt von ihrem Ruheplatz befindet.

Um seinen Hund verlässlich stubenrein zu bekommen, muss man ihm also zwei grundlegende Dinge beibringen:

1. Er darf das gesamte Haus bzw. die Wohnung, in der er lebt, nicht beschmutzen. Davon ausgenommen ist bei der Im-Haus-Methode natürlich die Hundetoilette.

2. Er muss lernen, wo genau er sein Geschäft verrichten darf.

### Dem Hund beibringen, wo er sich erleichtern darf

Wenn man seinem Hund beibringen möchte, sich nur außerhalb des Hauses bzw. nur an einem dafür vorgesehenen Platz innerhalb des Hauses zu erleichtern, muss man eine Gewohnheit daraus machen. Da Hunde Gewohnheitstiere sind, behalten sie einmal geschaffene Verhaltensmuster bei, so gut es ihnen möglich ist.

*Was bedeutet das im Klartext?*

Für einen gewissen Zeitraum, ungefähr eine Woche, muss dafür gesorgt werden, dass der Hund sich nur an der dafür vorgesehenen Stelle erleichtert. Also entweder außerhalb des Hauses oder innerhalb des Hauses in seiner Hundetoilette, je nachdem, wofür man sich ursprünglich entschieden hat. Gleichzeitig muss man verhindern, dass er zusätzlich zum „richtigen" Ort noch andere Plätze im Haus aufsucht, um dort sein Geschäft zu machen. Verhindert man das lang genug, gewöhnt der Hund sich daran und macht es in Zukunft von ganz allein richtig.

Aber auch ein stubenreiner Hund kann nicht ewig einhalten. Wenn er nötig muss und nicht rechtzeitig nach draußen oder zum Hundeklo kommt, bleibt ihm gar nichts anderes übrig, als dort zu „machen“, wo er sich gerade befindet.

*Aber wie bekommt man seinen Hund dazu, sich nur noch dort zu erleichtern, wo er soll?*

Grundsätzlich ist das ganz einfach. Wenn man möchte, dass der Hund sich daran gewöhnt, nur noch an ganz bestimmten Stellen sein Geschäft zu verrichten, muss man ihn an diese Stellen bringen, sobald er „muss“. Die Schwierigkeit dabei ist, rechtzeitig zu erkennen, wann er „muss“, damit man ihn schnell genug an seinen Toilettenplatz bringen kann.

Um das Bedürfnis seines Hundes rechtzeitig erkennen zu können, sollte man sich an feste Fütterungszeiten halten. Wenn man seinen Hund nämlich jeden Tag immer ungefähr zur gleichen Zeit füttert, wird er auch immer ungefähr zur gleichen Zeit sein Geschäft machen müssen. Auf diese Weise kann man in etwa vorhersagen, wann der Hund 'raus muss und ihn rechtzeitig an sein Örtchen bringen.

Es ist übrigens sehr wichtig, ihn liebevoll zu loben, sobald er sich an der betreffenden Stelle erleichtert hat. Gelobt zu werden, macht den Hund glücklich und er wird das Verhalten, für das man ihn lobt, gerne wiederholen. Mit der Zeit wird es ihm dann zur Gewohnheit werden, sein Geschäft nur noch im Freien beziehungsweise auf seiner Hundetoilette zu verrichten und man hat einen stubenreinen Hund.

*Und wie verhindert man, dass der Hund sein Geschäft in der Wohnung oder im Haus macht?*

Dieser, sehr wichtige Teil der Erziehung zur Stubenreinheit wird oft vernachlässigt. Um verlässlich stubenrein zu werden, muss der Hund lernen, dass er sich nicht im Haus oder in der Wohnung erleichtern darf. Sollte er sein Geschäft drinnen machen dürfen, dann muss er lernen, dass das nur auf seiner Hundetoilette erlaubt ist und nirgendwo anders im Haus.

Man erreicht das, indem man verhindert, dass der Hund es sich zur Gewohnheit macht, überall im Haus oder in der Wohnung zu „machen“. Falls er diese Gewohnheit bereits angenommen hat und sich an Stellen in der Wohnung oder im Haus erleichtert, wo er es nicht soll, dann muss man ihm das wieder abgewöhnen.

Hierbei ist das richtige Timing von entscheidender Bedeutung. Für etwa eine Woche, in manchen Fällen auch ein wenig länger, muss man seinen Hund konstant unter Beobachtung haben. Wenn er anfängt, herumzuschnüffeln und in kleinen Kreisen zu laufen, kann man davon ausgehen, dass er auf der Suche nach einem hübschen Toilettenplätzchen ist. Sobald man diese Anzeichen bemerkt, muss man sehr schnell sein und den Hund an das für ihn vorgesehene Örtchen bringen. Gerade Welpen lassen es meistens sofort laufen, sobald sie den Drang dazu verspüren. Man hat also in aller Regel nicht viel Zeit, um ein drohendes Malheur zu verhindern.

Dass niemand seinen Hund vierundzwanzig Stunden am Tag durchgehend beobachten kann, versteht sich natürlich von selbst. Für diese hoffentlich immer nur kurzen Zeiträume, muss man zu einem Hilfsmittel greifen, wobei man sich den natürlichen Sauberkeitsinstinkt seines Hundes zu Nutze macht. Wie bereits erwähnt, halten Hund ihre Bauten oder Höhlen, die ja ihre Schlaf- und Ruheplätze sind, instinktiv sauber und machen ihr Geschäft nur an bestimmten Stellen etwas abseits davon.

Um zu verhindern, dass der noch nicht stubenreine Hund in die Wohnung macht, muss man ihn für die Zeit, wo man ihn nicht beaufsichtigen kann, in seiner „Höhle" einsperren. Die „Höhle" sollte ein kleiner abgetrennter Bereich sein, der gerade so groß ist, dass der Hund darin bequem stehen, sich drehen und komfortabel liegen kann. Keinesfalls sollte der Hund genug Platz darin haben, dass er auf einer Seite schlafen und auf der anderen sein Geschäft machen kann. Gut geeignet für diesen Zweck ist zum Beispiel eine Hundebox. Gemütlich ausgestattet, kommt sie dem Charakter einer Höhle oder eines Baus sehr nahe. Hunde, die behutsam an ihre Hundebox gewöhnt wurden, fühlen sich in aller Regel sehr wohl darin und gehen von ganz allein zum Schlafen hinein.

Bevor man eine Hundebox für das Training zur Stubenreinheit einsetzt, muss man seinen Hund ganz langsam an sie gewöhnen. „Lektion 8: An die Hundebox gewöhnen" erklärt ausführlich, wie man seinen Hund schrittweise mit einer Hundebox vertraut macht.

Sollten Sie keine Hundebox verwenden wollen, ist das kein Problem. Sie können stattdessen ein kleines Areal abgrenzen und gemütlich einrichten, vorzugsweise auf einem gut zu reinigendem Boden oder Untergrund, da ja immer einmal etwas schief gehen kann.

Der Hund wird sich instinktiv nicht in seiner „Höhle" erleichtern. Bei Hunden, die jünger als 16 Wochen sind, klappt diese Methode noch nicht zuverlässig, da sie ihre Schließmuskulatur noch nicht ausreichend kontrollieren können. Man sollte außerdem im Hinterkopf behalten, dass ein Hund, der zu lange in seiner Box eingesperrt ist, nicht anders kann, als hinein zu machen.

Wenn Ihr Hund sein Geschäft nach ein paar Tagen nur noch an den dafür vorgesehenen Orten und nirgendwo anders mehr macht, dann ist er stubenrein, denn es ist ihm zur Gewohnheit geworden, spezielle Plätze dafür aufzusuchen. Sie sollten Ihren Hund, auch nachdem die Erziehung zur Stubenreinheit abgeschlossen ist, hin und wieder einmal loben, wenn er sich an der richtigen Stelle erleichtert, damit diese Gewohnheit gefestigt und zuverlässig bleibt.

## Viel Lob

Hunde sind Tiere, die gerne lernen. Lernen ist eine wichtige Fähigkeit, die ihr Überleben in der Wildnis sichert. Lernen geschieht durch Feedback. Durch die Resonanz, die ein Hund auf sein Verhalten erhält, erfährt er, ob er etwas richtig oder falsch gemacht hat. Da Hunde das gesprochene Wort nicht verstehen, ist das Geben eines für den Hund verständlichen Feedbacks der Schlüssel zum erfolgreichen Training.

Beim Stubenreinheitstraining ist der beste Weg, seinem Hund verständlich zu machen, dass er etwas richtig gemacht hat, indem man ihn lobt. Lob vermittelt ihm, dass er etwas gut gemacht hat und macht ihn glücklich. Loben Sie Ihren Hund immer mit einer freundlichen Stimme und streicheln Sie ihn ein wenig. Außerdem sollten Sie schnell sein, wenn Sie Ihren Hund loben. Unmittelbar nachdem Ihr Hund sein Geschäft an der richtigen Stelle verrichtet hat, sollten Sie ihn sehr ausgiebig loben. Wenn Sie zu lange warten, kann er das Lob nicht mehr mit dem Verhalten in Verbindung bringen, für das er gelobt wird.

### Feste Fütterungszeiten führen dazu, dass Ihr Hund immer etwa zur gleichen Tageszeit muss

Ein entscheidender Faktor für das erfolgreiche Stubenreinheitstraining sind regelmäßige Fütterungszeiten. Gibt man seinem Hund jeden Tag zur gleichen Zeit das gleiche Futter, wird er täglich auch ungefähr zur gleichen Zeit „müssen", nämlich zwischen 15 und 30 Minuten nach der Mahlzeit. Das ist natürlich nur eine Schätzung, denn der Abstand zwischen dem Einnehmen der Mahlzeit und dem Bedürfnis, sich zu erleichtern, kann von Hund zu Hund ein wenig variieren. Der eine Hund „muss" sofort, nachdem er gefressen hat, der andere braucht ein wenig länger. Mit der Zeit bekommt man aber ganz gut heraus, wann das beim eigenen Hund der Fall ist.

Wird der Hund unregelmäßig gefüttert, arbeitet seine innere Uhr nicht akkurat und er muss sein Geschäft zu unterschiedlichen Tageszeiten machen. Dann läuft man Gefahr, den Zeitpunkt, wann der Hund einmal schnell 'raus muss, zu verpassen. Hält man sich jedoch an regelmäßige Fütterungszeiten, fällt es wesentlich leichter, vorherzusagen, wann man den Hund zu seinem Toilettenplatz bringen muss.

Während des Stubenreintrainings braucht man sich keine Sorgen darüber zu machen, dass es dem Hund zu eintönig werden könnte, immer die gleiche Nahrung zur gleichen Zeit zu bekommen. Hunde fressen auch in der Natur oft die gleiche Nahrung mehrmals hintereinander. Es macht ihnen also nichts aus, das gleiche Futter immer wieder zu fressen. Ist der Hund dann später stubenrein, kann und sollte man Abwechslung auf den Speiseplan bringen, aber weiterhin feste Fütterungszeiten einhalten.

Was das Trinken betrifft, müssen Hunde, genau wie Menschen, meistens kurz nachdem sie etwas getrunken haben urinieren. Bis Ihr Hund stubenrein ist, sollte er nur zu bestimmten

Zeiten etwas zu trinken bekommen, sonst läuft man Gefahr, überall im Wohnbereich kleine Pfützen vorzufinden. Man muss aber unbedingt darauf achten, dass der Hund ausreichend viel und oft genug trinken darf. Er darf während des Stubenreintrainings keinesfalls Durst leiden. Sobald der Hund dann aber stubenrein ist, sollte er immer freien Zugang zu Wasser haben.

### Wie füttert man richtig?

Die meisten erwachsenen Hunde fressen zweimal täglich, während Welpen in der Regel drei Mahlzeiten am Tag erhalten. Damit Ihr Hund gesund bleibt, sollte er Nahrung zu sich nehmen, die hauptsächlich aus Fleisch und etwas Gemüse besteht. Es gibt eine große Auswahl an fertigem Hundefutter in den Supermärkten und Zoohandlungen, aber man kann seinem Hund natürlich auch frisches Futter selbst zusammenstellen. Die Menge, die ein Hund täglich frisst, hängt von seiner Größe, seinem Alter, aber auch von seinem Aktivitätslevel ab. Falls man sich nicht sicher ist, wie viel der Hund bekommen muss, sollte man sich darüber bei seinem Tierarzt informieren.

Während des Stubenreinheitstrainings sollte weder Futter noch Wasser zur freien Verfügung des Hundes stehen, sondern immer nur zu den Fütterungszeiten gegeben werden. Dieses Vorgehen ist entscheidend für den Erfolg des Trainings.

Wenn es Zeit ist, den Hund zu füttern, sollte man ihn in aller Ruhe so viel fressen lassen, wie er mag und ihn keinesfalls dabei unterbrechen oder auf andere Weise stören. Etwa 15 Minuten nach Beginn der Mahlzeit haben die meisten Hunde fertig gefressen und man kann den Napf seines Hundes wieder wegräumen. Außer zu den Fütterungszeiten sollte für den Hund keinerlei Futter frei zugänglich herumstehen. Wichtig ist auch, dass der Hund während der Dauer des Trainings kein zusätzliches Futter in Form von kleinen Leckerchen oder Zwischenmahlzeiten erhält. Er soll nur die zu den Fütterungszeiten angebotenen Mahlzeiten bekommen. Auf diese Weise lässt sich leichter vorhersagen, wann der Hund sein Geschäft machen muss.

### Genug zu trinken geben

Während feste Fütterungszeiten für Hunde normalerweise kein Problem darstellen, sieht das bei festen Trinkzeiten etwas anders aus. Hier besteht nämlich die Gefahr, dass der Hund zu wenig zu trinken bekommt und dehydriert, wenn man ihm nicht erlaubt, zu trinken, wann er möchte. Lassen Sie Ihren Hund deswegen mehrmals täglich so viel trinken, wie er mag und bringen Sie ihn zu seinem Toilettenplatz, kurz nachdem er getrunken hat.

Überprüfen Sie zur Sicherheit auch die Farbe seines Urins. Er sollte hell und klar sein. Dunkler Urin kann ein Anzeichen dafür sein, dass der Hund nicht genug zu trinken bekommt. Denken Sie auch daran, dass der Wasserbedarf Ihres Hundes bei heißem Wetter erhöht ist.

## Missgeschicke vermeiden - rechtzeitig erkennen, wann der Hund muss?

Wie bereits erwähnt, ist es für ein erfolgreiches Stubenreinheitstraining von entscheidender Bedeutung, dass der Hund sich immer dann am richtigen Ort befindet, wenn er sein Geschäft machen muss. Ein Fütterungsplan bringt dabei eine gewisse Regelmäßigkeit in die Zeiten, wann der Hund muss. Zusätzlich gibt es aber auch noch andere Situationen, in denen Hunde wahrscheinlich müssen. Um Missgeschicke möglichst zu vermeiden, sollten Sie die folgenden drei Dinge wissen:

- In welchen Situationen Hunde üblicherweise müssen.
- Wie man seinen Hund dazu bekommt, dass er immer ungefähr zur gleichen Tageszeit sein großes Geschäft macht.
- Was die Anzeichen dafür sind, wenn der Hund muss.

### Die Situationen, wann Hunde üblicherweise müssen

Hunde müssen meistens in den folgenden Situationen, zwar nicht mit hundertprozentiger Sicherheit, aber mit großer Wahrscheinlichkeit:

- Nachdem sie aufwachen.

- 15 - 30 Minuten nachdem sie etwas gefressen haben. Das kann variieren, je nach Fütterungsgewohnheiten. Hierzu folgen detaillierte Informationen im nächsten Abschnitt.

- Oft kurz nach dem Trinken, manchmal sogar innerhalb von fünf Minuten danach.

- Nach einem Nickerchen.

- Nach dem Spiel.

- Nachts, wenn der Hund keine Gelegenheit bekommen hat, sich vor dem Schlafengehen noch einmal zu erleichtern.

### Am Verhalten des Hundes erkennen, dass er muss

Es gibt einige Verhaltensweisen, die anzeigen, dass ein Hund mal 'raus muss. Dazu gehören:

- Der Hund läuft im Kreis.
- Er kann sich nicht mehr konzentrieren.
- Er läuft unruhig hin und her.
- Der Hund macht einen nervösen Eindruck.

**Ganz wichtig:** Wenn Ihr Hund anfängt, suchend auf dem Boden herumzuschnüffeln, wird es eng. Sie sollten ihn dann möglichst schnell zu seinem Toilettenplatz bringen.

## Ab welchem Alter kann man mit dem Stubenreinheitstraining beginnen?

Welpen unter 16 Wochen sind noch zu jung für das Stubenreintraining, denn sie können ihre Schließmuskeln noch nicht vollständig kontrollieren. Das heißt, selbst wenn sie bereits vom Verstand her begreifen würden, dass sie sich nicht innerhalb des Hauses erleichtern dürfen, würde es ihnen trotzdem noch passieren, da sie es wegen ihrer körperlichen Unreife noch gar nicht verhindern können.

Was man aber bei Welpen unter 16 Wochen tun kann, ist sie auf das Stubenreinheitstraining vorzubereiten. Das kann man tun, indem man bei ihnen mit dem ganz normalen Training, das man auch für Hunde über 16 Wochen durchführt, beginnt. Man darf dabei allerdings nicht erwarten, dass es schon funktioniert. Der Sinn dahinter ist, dass man seinen Welpen auf diese Weise schon daran gewöhnt, sein Geschäft nur an speziellen Orten zu machen. Sobald er alt genug ist, seine Schließmuskulatur zu kontrollieren, geht es dann in der Regel sehr schnell mit der Stubenreinheit. Sie werden dann bemerken, dass er von ganz allein damit aufhört, seinen Ruheplatz zu beschmutzen. Aber vergessen Sie nicht, kein Hund ist in diesem Alter hundertprozentig stubenrein. Man sollte ihn weiterhin immer im Auge behalten.

Es gibt eine Faustregel, die ungefähr angibt, wie oft Welpen „müssen". Nehmen Sie sein Alter in Monaten und addieren Sie einen dazu. Ein Welpe, der acht Wochen alt ist, muss demnach ungefähr alle drei Stunden zum Hundeklo. Das kann natürlich von Rasse zu Rasse und Hund zu Hund etwas variieren, aber man kann sich grob danach richten. Man sollte diese Zeitangabe aber nicht unbedingt komplett ausreizen, sondern seinen Hund lieber einmal zu oft als einmal zu selten zu seinem Toilettenplatz bringen. Ein Welpe von 16 Wochen muss etwa alle fünf Stunden zu seiner Hundetoilette. Das bedeutet, dass man nachts einmal aufstehen muss.

Bei erwachsenen Hunden liegt der Fall etwas anders. Sie brauchen nicht so oft zu „gehen" wie Welpen. Sie können mehrere Stunden am Stück durchhalten und in der Regel auch die ganze Nacht. Während des Stubenreinheitstrainings sollte man seinen erwachsenen Hund aber lieber etwas häufiger zu seinem Toilettenplatz bringen, damit er sich daran gewöhnt, sein Geschäft nur an dafür vorgesehenen Orten zu machen.

# Das Training kann beginnen

Das Stubenreinheitstraining dauert ungefähr eine Woche und endet dann, wenn der Hund keine Anstalten mehr macht, sich am falschen Ort zu erleichtern. Noch einmal zur Erinnerung: das Ziel des Trainings ist es, dass der Hund sich für die Dauer des Trainings nur noch an einer ganz bestimmten Stelle erleichtert und sich auf diese Weise eine Gewohnheit etabliert, die er im Anschluss an das Training weiterhin beibehält.

Während dieser Zeit müssen Sie folgende Dinge tun:

## Allgemeine Vorgehensweise beim Stubenreinheitstraining

- Jeden Tag zur gleichen Zeit aufstehen und sofort mit dem Hund zum Toilettenplatz gehen. Das gilt leider auch an den Wochenenden.
- Während der gesamten Zeit feste Fütterungszeiten einhalten.
- Feste Trinkzeiten während des Trainings einhalten.
- Den Hund immer im Blick behalten und darauf achten, ob er Anzeichen macht, dass er sein Geschäft machen muss.
- Bei Welpen: Auch nachts muss der Hund zum Toilettenplatz gebracht werden. Die Häufigkeit richtet sich nach seinem Alter (siehe Kapitel „Ab welchem Alter kann man mit dem Stubenreinheitstraining beginnen").
- Den Hund nachts in seine Hundebox oder sein Hundebettchen bringen. Stellen Sie diese am besten neben Ihr Bett, damit Ihr Hund sich nicht allein fühlt.
- Den Hund tagsüber, für kurze Zeiträume, wenn man ihn einmal nicht beaufsichtigen kann, in seine Hundebox bringen. Keinesfalls sollte man ihn tagsüber stundenlang in seiner Hundebox einschließen. Sollten Sie den Hund länger nicht beaufsichtigen können, ist es ratsam, einen Hundesitter zu finden.

- Auf die Situationen achten, in der Hunde oft müssen (siehe „Die Situationen, wann Hunde üblicherweise müssen“)

# Was man sonst noch beachten sollte

Es gibt einige wichtige Punkte, die man beachten sollte, wenn man seinen Hund zur Stubenreinheit erziehen möchte. Manche davon sind offensichtlich, andere nicht. Alle sind jedoch für das Gelingen des Unterfangens notwendig.

## Beschmutzte Flächen immer sofort reinigen

Auch wenn man seinen Hund während des Trainings noch so gut beobachtet und ihn immer schnellstmöglich an seinen Toilettenplatz bringt, ist das eine oder andere, gelegentliche Malheur nicht ausgeschlossen. Das ist zwar keine Katastrophe, aber es ist von größter Wichtigkeit, nicht nur den Fleck so schnell und gründlich zu entfernen, wie es nur geht, sondern auch den Geruch vollständig zu beseitigen. Hunde haben nämlich die Tendenz, Stellen, an denen sie sich zuvor schon einmal erleichtert haben, gerne erneut zu aufzusuchen. Der Fäkal- beziehungsweise Uringeruch ist nämlich ein Hinweis für den Hund, dass dieser Ort ein Toilettenplatz ist, an dem er sein Geschäft verrichten kann.

## Den Hund regelmäßig pflegen

Es ist sehr wichtig, seinen Hund regelmäßig zu pflegen. Das hält ihn sauber und gesund. Während des Stubenreintrainings sollte man besonders darauf achten, das Fell sauber zu halten. Urin- oder Kotreste müssen immer sofort entfernt werden, da sich die Hundenase sonst an den Geruch gewöhnt. Abgesehen davon, dass der Hund sich unwohl fühlt, verliert er dadurch die Fähigkeit zwischen seinem Schlafplatz und seinem Toilettenplatz zu unterscheiden. Das Ergebnis ist dann, dass er überall sein Geschäft macht, auch an Orten, wo er es nicht soll.

## Check-up beim Tierarzt

Wenn man einen neuen Hund zu sich ins Haus nimmt, sollte man ihn grundsätzlich immer innerhalb der ersten paar Tage von einem Tierarzt untersuchen lassen. Ein wichtiger Grund dafür ist, festzustellen, ob er alle notwendigen Impfungen bekommen hat. Ein weiterer Grund für den Besuch beim Tierarzt ist, eventuelle Krankheiten und den Befall von Parasiten oder Würmern auszuschließen.

Manche Krankheiten wirken sich auch auf die Stubenreinheit aus oder machen das Stubenreintraining unmöglich. So kann beispielsweise ein Hund mit Durchfall oder einer Blaseninfektion seine Exkremente nicht so lange einhalten wie ein gesunder Hund. Es gibt einige Erkrankungen, die vielen Menschen nicht sofort auffallen, die aber die Fähigkeit des Hundes beeinflussen, seinen Stuhl oder Urin zurückzuhalten.

Blutiger Stuhl oder Urin, sehr flüssiger Stuhl, erhöhte Temperatur oder Ausfluss sind Indikatoren dafür, dass etwas nicht in Ordnung ist. Man sollte dann mit seinem Hund sofort zu einem Tierarzt gehen.

### Wenden Sie niemals Gewalt an

Es ist immer noch eine weit verbreitete Annahme, Zwang sei ein effektives Mittel bei der Hundeerziehung, aber das ist definitiv nicht richtig. Maßnahmen, wie etwa die Nase des Hundes in den eigenen Kot oder Urin zu drücken, sind veraltet, nutzlos und nicht nur dem Hund unangenehm, sondern tun auch seinem Halter in der Seele weh. Die gute Nachricht ist: Um Ihren Hund stubenrein zu bekommen, brauchen Sie solche Strafmaßnahmen nicht vorzunehmen.

### Hunde müssen schnüffeln dürfen

Hunde markieren ihr Revier mit Urin und Kot. Obwohl das ein wenig nutzlos erscheint, schließlich teilen sich unsere domestizierten Hunde ein Gebiet mit vielen anderen, treibt sie ihr Instinkt trotzdem dazu, sich so zu verhalten. Bevor sie sich erleichtern können, schnüffeln sie herum, um die „Nachrichten" der anderen Hunde zu lesen. Das kann einige Minuten dauern und als Besitzer sollte man nicht die Geduld verlieren, auch wenn man den Eindruck hat, dass der Hund zu lange braucht. Auf keinen Fall sollte man seinen Hund bei der Suche nach einem geeigneten Ort unterbrechen, da das Schnüffeln wichtig für ihn ist. Viele Hunde können ihr Geschäft nicht machen, wenn sie nicht schnüffeln dürfen. Sollte Ihr Hund eine gewisse Zeit brauchen, bis er „kann", lassen Sie sie ihm und loben Sie ihn ausgiebig, sobald er erfolgreich war.

## Häufige Fehler und ihre Lösung

Manche Hunde scheinen partout nicht stubenrein werden wollen. Wenn der Hund körperlich gesund ist und auch keine Verhaltensstörung vorliegt, besteht die Möglichkeit, dass der Besitzer des Hundes Fehler macht, ohne es selbst zu bemerken.

## Nach dem Fressen oder Trinken zu lange zu warten

Ein häufiger Fehler ist, zu lange zu warten, bis man den Hund zu seinem Örtchen bringt, nachdem er gefressen oder getrunken hat. Kein Hund kann ewig einhalten, ganz gleich, ob er schon stubenrein ist oder es noch lernen muss. Wird der Drang zu stark, ist ein Hund, genau wie ein Mensch, irgendwann gezwungen, sich dort zu erleichtern, wo er sich gerade befindet. Passiert das regelmäßig, bleibt das Training zur Stubenreinheit erfolglos. Der Hund gewöhnt sich nämlich mit der Zeit daran, an den falschen Stellen sein Geschäft zu machen.

Die Zeitspanne zwischen der Einnahme der Mahlzeit und dem Drang, sich zu erleichtern, ist je nach Hund unterschiedlich lang, aber als Faustregel gilt, dass Hunde etwa 30 Minuten nach dem Fressen und ca. 15 Minuten nach den Trinken an ihren Toilettenplatz gebracht werden sollten.

## Das Stubenreinheitstraining zu früh zu beenden

Mit dem Training zu früh aufzuhören, ist ebenfalls ein Fehler, der oft gemacht wird. Obwohl Welpen und erwachsene Hunde nach ungefähr sechs bis acht Tagen stubenrein werden, brauchen manche auch ein wenig länger. Besonders bei älteren Hunden, die über einen längeren Zeitraum hinweg nicht stubenrein waren, muss man etwas mehr Geduld aufbringen.

Wenn ein Hund noch nicht ganz zuverlässig stubenrein ist, kann es passieren, dass er in alte Gewohnheiten zurückfällt, wenn man das Training zu früh beendet.

### Woran erkennt man, dass man zu früh mit dem Training aufgehört hat?

Sollte Ihr Hund zwischendurch immer wieder einmal sein Geschäft im Wohnbereich machen, obwohl er häufig zu seinem Toilettenplatz gebracht wird, ist er wahrscheinlich noch nicht richtig sauber. Dann muss man wieder mit dem Training beginnen, bis die Unfälle wieder nachlassen. Übrigens, auch wenn man das Stubenreintraining erfolgreich abgeschlossen hat, sollte man seinen Hund zwischendurch immer wieder mal loben, wenn er sich an den richtigen Orten erleichtert, damit diese Gewohnheit gefestigt bleibt.

## Den Hund nicht oft genug zum Örtchen zu bringen

Viele Hundebesitzer glauben, dass ein stubenreiner Hund sich niemals im Wohnbereich erleichtert. Grundsätzlich ist das auch richtig, obgleich Unfälle passieren können. Bekommt der Hund jedoch nicht oft genug die Gelegenheit, sein Geschäft am richtigen Ort zu machen, kann er gar nicht anders, als in den Wohnbereich zu „machen“.

Zu glauben, dass ein stubenreiner Hund 12 Stunden oder länger aushalten kann, ohne seinen Toilettenplatz zu besuchen, ist ein häufiger Fehler. Man muss sich nur einmal in die Lage des Hundes versetzen. Ein Hund, der bereits zwei Stunden nach dem letzten Gassigehen wieder muss, kann sicherlich nicht noch zusätzliche 10 Stunden einhalten.

Daher ist es von größter Wichtigkeit, seinem Hund oft genug die Gelegenheit zu geben, seinen Toilettenplatz zu besuchen. Hunde, die sich immer wieder im Wohnbereich erleichtern müssen, weil sie keine andere Möglichkeit haben, werden sich mit der Zeit an diesen Zustand gewöhnen und nicht mehr stubenrein sein.

## Selbst der stubenreinste Hund kann einmal einen Unfall haben

Ein weit verbreiteter Irrglaube ist, dass ein stubenreiner Hund niemals sein Geschäft im Wohnbereich verrichtet. Aber sogar einem verlässlich stubenreinen Hund kann einmal ein Malheur passieren. Um solche Unfälle zu vermeiden, sollte man unbedingt dafür sorgen, dass der Hund oft genug die Gelegenheit bekommt, sein Geschäft am richtigen Ort zu machen.

## Kot und Urin nicht schnell genug zu entfernen

Mit ihrem feinen Geruchssinn können Hunde Fäkalgerüche an Orten wahrnehmen, die uns Menschen absolut sauber erscheinen. Wenn Ihr Hund sich einmal im Haus oder in der Wohnung erleichtert hat, ist es sehr wichtig, die Stelle so schnell und gründlich wie möglich zu reinigen. Ansonsten wird der Hund den Geruch erschnüffeln und diesen Bereich zu seinem neuen Toilettenplatz machen.

## Den Hund zwischen den Mahlzeiten zu füttern

Wenn man seinem Hund zwischen den Mahlzeiten mit kleinen Leckerchen verwöhnt, führt das dazu, dass er sich zu den unterschiedlichsten Zeiten erleichtern muss, da die Regelmäßigkeit der Fütterung dadurch gestört wird. Bei einem stubenreinen Hund ist das kein Problem, aber bei einem nicht-stubenreinen kann das den Erfolg des Trainings verhindern. Denn, nur wenn man ungefähr vorhersagen kann, wann der Hund sein Geschäft machen muss, kann man ihn rechtzeitig zu seinem Örtchen bringen. Wird der Hund, zusätzlich zu den festen Fütterungszeiten, über den Tag hinweg mit leckeren Häppchen verwöhnt, gerät die innere Uhr des Hundes durcheinander und er muss zu immer unterschiedlichen Zeiten 'raus. Dann kann man leicht den Zeitpunkt verpassen, wann es soweit ist.

## Morgens zu lange zu warten

Den Hund morgens zu lange warten zu lassen, ist ein häufiges Problem. Genau wie wir Menschen, müssen Hunde sich nach dem Schlafen morgens erleichtern. Die meisten Hunde schlafen viel kürzer als wir, und selbst wenn ihr Besitzer ein Frühaufsteher ist, ist sein Hund wahrscheinlich schon für eine oder mehrere Stunden wach, wenn sein Herrchen „endlich“ aufsteht.

Es ist völlig gleichgültig, wie verlässlich der Hund zu Stubenreinheit erzogen wurde, wenn er zu lange warten muss, wird der unvermeidliche Moment kommen, wenn er nicht mehr einhalten kann. Dann ist er gezwungen, sich dort zu erleichtern, wo er sich gerade befindet. Um das zu verhindern, sollte man mit seinen Hund morgens rechtzeitig nach draußen gehen.

# Häufige Fragen und Antworten zur Stubenreinheit

Das folgende Kapitel enthält einige häufige Fragen und Antworten zum Thema Stubenreinheit.

## Gibt es Hunde, die nicht stubenrein werden?

Ja, diese Hunde gibt es. Wenn ein Hund nicht stubenrein wird oder wieder damit anfängt im Haus sein Geschäft zu machen, kann das medizinische oder verhaltensbedingte Ursachen haben. Man sollte ihn dann von einem Tierarzt untersuchen lassen. Sollte sich herausstellen, dass der Hund unheilbar krank ist und nicht stubenrein werden kann, sollte man ihn Hundewindeln tragen lassen, damit er die Wohnung nicht verunreinigen, aber trotzdem Teil des Familienlebens bleiben kann.

## Kann jede Hunderasse stubenrein werden?

Ja, jede Hunderasse kann stubenrein werden. Das bedeutet, dass jeder Hund, entweder an die Außer- oder Im-Haus-Methode gewöhnt werden kann. Sollte der Hund trotz aller Bemühungen sein Geschäft weiterhin an den falschen Plätzen machen, muss ein Tierarzt zu Rate gezogen werden.

## Wie lange dauert das Stubenreinheitstraining?

Als Faustregel kann man sagen, dass das Stubenreintraining ungefähr eine Woche dauert. Bei Welpen kann es ein wenig länger dauern. Wirklich verlässlich stubenrein sind Hunde aber erst ab einem Alter von ungefähr drei bis fünf Monaten. Ist ein Hund schon sehr lange nicht stubenrein, kann das Training jedoch viel länger dauern.

## Was sind die Anzeichen dafür, dass mein Hund nötig muss?

Bevor Ihr Hund stubenrein ist, müssen Sie ihn immer gut im Auge behalten. Sobald er Anzeichen zeigt, dass er muss, sollten Sie ihn sofort zu seinem Toilettenplatz bringen. Es gibt drei Hauptanzeichen dafür, dass ein Hund muss:

- Der Hund bewegt sich in kleinen Kreisen.
- Der Hund kann nicht ruhig stehen oder liegen.
- Der Hund ist gar nicht mehr kontrollierbar.

Besonders wenn Hunde etwas gefressen oder getrunken haben, müssen sie sich kurz darauf erleichtern. Dann zeigen sie meistens diese charakteristischen Anzeichen. Wenn Ihr Hund beim Gassigehen nur eine kleine Menge Kot oder Urin abgegeben hat, müssen Sie ebenfalls sehr aufmerksam bleiben, denn er könnte dann schon bald wieder müssen.

## Wie entferne ich Kot und Urin am besten?

Sowohl Kot- als auch Urinflecken müssen möglichst schnell und gründlich entfernt werden.

### Urinflecken

Sollte Ihr Hund einmal ein Pfützchen im Wohnbereich hinterlassen haben, ist es ratsam, sie so schnell wie möglich zu entfernen.

Auf wischbaren Böden kann man die Flüssigkeit einfach mit Küchenpapier aufsaugen. Danach sollte man den Boden mit Seifenwasser sauber wischen und die Stelle einfach an der Luft trocknen lassen.

Befindet sich der Urinfleck auf dem Teppich, müssen Sie schnell vorgehen. Der Urin sollte möglichst keine Zeit haben, tief in den Teppich einzuziehen, da Gerüche dann nur noch schwer zu entfernen sind. Versuchen Sie, so viel von der Flüssigkeit wie nur möglich mit Küchenpapier aufzusaugen, aber vermeiden Sie es, dabei Druck auszuüben, da Sie den Urin sonst womöglich in die tieferen Schichten des Teppichs drücken.

### Kot

Um Kotflecken zu entfernen, muss man zuerst den Kot beseitigen. Am besten geht das mit Einmalhandschuhen aus Plastik und einem Spachtel. Heben Sie den Kot vorsichtig auf und entsorgen Sie ihn. Eventuelle Flüssigkeit kann man mit Küchentüchern aufsaugen. Danach sollte man die Stelle mit warmen Wasser reinigen. Es gibt im Handel speziell dafür hergestellte Enzymreiniger, mit denen man Fäkalgerüche entfernen kann. Sofern es das Material des Bodens zulässt, sollte man die Stelle nach dem Beseitigen des Kots mit einem solchen Reiniger behandeln.

### Ältere Flecken

Sind die Flecken schon älter, ist die Chance, die daran haftenden Gerüche zu entfernen, eher gering. Man kann versuchen, die Stelle mit Enzymreiniger oder verdünntem, weißen Essig zu behandeln, aber die Erfolgsaussichten sind nicht gut bei alten Flecken. Manchmal ist es notwendig, den Teppich oder einen Teil des Teppichbodens zu ersetzen.

### Haushaltsreiniger

Haushaltsreiniger sind meistens nicht dazu geeignet, Urin- oder Kotflecken zu entfernen. Manche enthalten nämlich Ammoniak als Inhaltsstoff, was die Angelegenheit nur noch schlimmer macht. Hunde fühlen sich durch diesen Geruch angezogen und benutzen die damit behandelte Stelle dann erneut als Toilettenplatz.

Besser ist es, einen Enzymreiniger zu verwenden, der extra für die Beseitigung von Fäkalgerüchen entwickelt wurde. Es gibt unterschiedliche Sorten im Handel, je nachdem was man sauber machen möchte. Bevor man jedoch wertvolle Oberflächen damit behandelt, sollte man die Herstellerangaben zu Rate ziehen.

## Was tun, wenn mein Rüde sein Revier im Haus markiert?

Das Beinchen-Heben ist ein typisches Hundeverhalten, aber Hundebesitzer sind zu Recht überrascht, wenn ihr Hund dieses Verhalten innerhalb des Hauses oder der Wohnung an den Tag legt. Manchmal markieren männliche Hunde, seltener auch Hündinnen, ihr Revier auch drinnen. Sie tun das, indem sie kleine Mengen Urin an Wände oder Möbel sprühen. Die Menge des abgegebenen Urins ist dabei erheblich kleiner als beim ganz normalen Entleeren der Blase.

Oft beginnen Hunde mit diesem Verhalten, wenn sie unter Angst oder Stress leiden. Wenn ihr Revier zum Beispiel von einem neuen Familienmitglied - etwa einem Baby - besiedelt wird, zeigen sie ihre fehlende Akzeptanz durch Reviermarkierungen.

Ein Stubenreinheitstraining ist für dieses Problem leider keine Lösung. In manchen Fällen hilft eine Kastration. Man sollte sich darüber aber mit seinem Tierarzt beraten, bevor man diesen Schritt unternimmt. Wichtig ist, die Urinflecken mit einen Enzymreiniger zu säubern, da der Hund Stellen, denen noch Geruch anhaftet, mit großer Wahrscheinlichkeit immer wieder markieren wird.

## Warum gibt mein Hund ein wenig Urin ab, wenn er bestraft oder gestreichelt wird?

Wenn Ihr stubenreiner Hund gelegentlich etwas Urin abgibt, kann das ein Ausdruck für unterwürfiges Verhalten sein. Manche Hunde zeigen auf diese Weise auch, dass sie eingeschüchtert sind. Der beste Weg, seinem Hund dieses Verhalten abzugewöhnen, ist, sein Selbstvertrauen zu stärken. Man kann das erreichen, indem man ihn viel lobt. Jedes Mal, wenn er etwas richtig gemacht hat, sollte er liebevoll gelobt und mit einem leckeren Häppchen belohnt werden. Lassen Sie ihn die Kommandos ausführen, die er während der Grunderziehung gelernt hat, und loben und belohnen Sie ihn, wenn er gehorcht. Wenn er noch keine Grunderziehung bekommen hat, ist das ein guter Zeitpunkt, um damit anzufangen. Man sollte seinen Hund niemals schlecht behandeln oder körperlich bestrafen. Er sollte die Erfahrung machen dürfen, dass das Leben für ihn schön ist.

## Was tun, wenn der Hund immer wieder an der gleichen Stelle uriniert?

Manche Hunde geben regelmäßig kleine Mengen Urin an ein und derselben Stelle ab. Für dieses Problem gibt es eine einfache Lösung. Lassen Sie Ihren Hund an genau dieser Stelle fressen und schlafen. Am besten stellen Sie sein Hundebettchen genau an diesen Platz. Zuvor müssen Sie die Stelle aber sehr gut reinigen und die Gerüche mit Enzymreiniger beseitigen. Ihr Hund wird den Platz, an dem er schläft, nicht verunreinigen. Normalerweise kann man nach ein bis zwei Wochen damit aufhören, den Hund an diesem bestimmten Ort zu füttern und schlafen zu lassen. Der Hund wird diese Stelle dann nicht mehr beschmutzen.

# Teil 2

# Ein Verhalten ändern

# Ein Verhalten des Hundes ändern

Neben der Grunderziehung, ist das Verändern von Verhaltensweisen ein weiterer wichtiger Teil der Hundeerziehung. Meistens handelt es sich dabei um Verhaltensweisen, die den Besitzer stören, wie zum Beispiel übermäßiges Bellen oder den Hund belasten, wie zum Beispiel Angstprobleme.

## Ursachen für problematische Verhaltensweisen

Nicht immer ist falsche Erziehung der Grund für Verhaltensprobleme, sondern es kann auch an einer falschen Haltung liegen. Meistens geschieht das völlig unabsichtlich. Neben der Problemtherapie kann es dann auch notwendig sein, die Haltung des Hundes zu verbessern. Ein gutes Beispiel dafür ist ein Hund, der sich langweilt. Wenn man einem Hund, der aus Langeweile bellt, das Bellen abtrainiert, aber die Langeweile nicht behebt, wird er sich sehr wahrscheinlich eine neue Beschäftigung suchen. Das kann dann zum Beispiel das Zerkauen von Möbelstücken sein.

### Falscher Hund am falschen Platz

Wenn man die Entstehungsgeschichte des Haushundes betrachtet, fällt einem sofort auf, dass nicht jeder Hund für jede Umgebung geeignet ist. Auch wenn Hunde noch so große Anpassungskünstler sind, manchmal sind ihre Haltungsbedingungen so ungünstig für ihr jeweiliges Temperament, dass Probleme entstehen können.

Stellen Sie sich einmal folgende Situation vor: Ein Border Collie, also ein Hütehund mit einem besonders ausgeprägtem Bewegungsdrang, lebt bei einer Person, die jeden Spaziergang scheut.

Der Hund bekommt viel zu wenig Bewegung und ist deswegen unausgelastet. Er ist rastlos und läuft ständig in der Wohnung hin und her. Der Besitzer hingegen fühlt sich permanent gestört durch das unruhige Verhalten seines Hundes. Er wird oft ärgerlich und schimpft dann mit seinem Hund. Dadurch wird der Hund noch nervöser.

Im Grunde zeigt der Border Collie kein problematisches Verhalten, sondern er verhält sich ganz normal. Sein Verhalten stellt aber dennoch ein Problem für den Halter dar. Er verschafft seinem Hund nicht die Bewegung und Beschäftigung, die ein Border Collie nun einmal braucht und so kommt es zu Schwierigkeiten.

In solchen Fällen führt ein Verhaltenstraining nicht zu einer Verbesserung der Situation. Die einzige Lösung ist eine Veränderung der Haltungsbedingungen. Manchmal bedeutet das sogar, dass man sich zum eigenen Wohl, und zum Wohl des Hundes, von ihm trennen muss, damit er in einer für ihn geeigneten Umgebung leben kann.

## Zu wenig Arbeit für den Hund

Viele Hunde entwickeln Verhaltensprobleme, weil sie körperlich und geistig nicht ausreichend beschäftigt werden. Dann kompensieren sie Langeweile und überschüssige Energie durch die unterschiedlichsten oftmals unerwünschten Verhaltensweisen. Sie lassen sich auf Spaziergängen nur unzureichend oder gar nicht kontrollieren, zerkauen Sachen, werden nicht stubenrein oder entwickeln aggressive Verhaltensweisen und vieles mehr.

Versetzen wir uns einmal in die Lage eines Hundes, der die meiste Zeit des Tages allein ist, weil sein Besitzer arbeiten gehen muss. Aus Zeitmangel haben sich zwei kurze Spaziergänge täglich eingebürgert, einer vor und einer nach der Arbeit. Diesem Hund mangelt es permanent an Beschäftigung und Bewegung, von Treffen mit Artgenossen ganz zu schweigen.

Das ist zwar ein extremes Beispiel, aber es kommt gar nicht einmal so selten vor. Wenn ein Mensch so leben sollte, wie dieser bedauernswerte Hund, würde ihm das kaum gefallen. Er wäre ständig unterfordert, gelangweilt und unzufrieden. Einem Hund in einer solchen Situation geht es ganz genauso.

Eigentlich kann man es so formulieren: Hunde haben ein Recht auf Arbeit, dazu wurden sie ja schließlich ursprünglich gezüchtet. Das bedeutet natürlich nicht, dass Sie sich für Ihren Hütehund jetzt eine Schafherde zulegen müssen, damit er etwas zu tun hat. Aber Beschäftigung ist ein Grundbedürfnis eines jeden Hundes.

Wenn Sie Ihren Hund immer erst eine Gehorsamkeitsübung ausführen lassen, bevor er gefüttert wird oder bevor Sie mit ihm das Haus verlassen, sprich in jeder Situation, in der Sie etwas mit Ihrem Hund machen, trägt das schon sehr dazu bei, Ihren Hund geistig zu fordern. Lassen Sie Ihren Hund zum Beispiel immer erst einmal Sitz machen, bevor Sie ihn füttern. Auf diese Weise bekommt Ihr Hund etwas zu tun und und sein Verstand wird gefordert.

Und natürlich brauchen Hunde viel Bewegung. Tägliche Spaziergänge, die an den Bewegungsdrang des Hundes angepasst sind, sowie regelmäßige Spieleinlagen, sind bestens geeignet, um Ihren Hund körperlich und geistig auszulasten.

## Erziehungsfehler

Häufig entstehen problematische Verhaltensweisen durch falsche oder mangelnde Erziehung.

Viele Hundebesitzer sind sich oft gar nicht bewusst, dass sie selbst ihrem Hund beigebracht haben, wie er sich in bestimmten Situationen verhält.

Ein Hund, der bei Tisch immer wieder etwas bekommt, wenn er bettelt, wird nicht davon zu überzeugen sein, dass er bei Mahlzeiten, bei denen Besuch zugegen ist, plötzlich auf seinem Platz liegen bleiben soll. Schließlich wird ihm ja sonst auch immer gestattet, bei Tisch zu betteln. Er hat gelernt, dass Betteln leckere Häppchen hervorzaubert. An dieser Erkenntnis ändert die Anwesenheit des Besuchs für ihn nichts. Hunde können zwischen Alltag und Ausnahmesituation nämlich nicht unterscheiden.

Mangelnde Konsequenz in der Erziehung oder Unwissenheit darüber, wie Hunde lernen, sind sehr häufig der Grund für Verhaltensprobleme bei Hunden.

## Ungenügende Sozialisierung

Hunde, die zu früh von ihrem Wurf getrennt wurden oder in den ersten Lebensmonaten in einer reizarmen Umgebung gehalten wurden, reagieren häufig verängstigt auf Unbekanntes.

Manche haben Angst vor Fremden oder Kindern oder sogar vor den eigenen Artgenossen, vor Autos oder Zügen, grundsätzlich vor allem, was sie nicht kennen. Der Grund hierfür ist, dass sie als Welpe nicht an vielfältige Sinneseindrücke und unterschiedliche Lebewesen herangeführt wurden.

Idealerweise sollten Welpen nicht vor der 12. Lebenswoche von ihrer Mutter und ihren Wurfgeschwistern getrennt werden. Sie sollten in dieser Zeit mit vielen Dingen des

Alltagslebens in Kontakt gebracht werden. Besonders positiv ist es auch, wenn der Vater bei dem Wurf lebt, aber das ist nicht immer möglich. Gute Züchter sorgen bereits in den ersten Lebenswochen dafür, dass ihre Zöglinge vieles lernen können, manche nehmen ihre Welpen sogar auf Autofahrten mit.

Aber auch wenn der Welpe nach der 12. Lebenswoche den Besitzer gewechselt hat, ist die Sozialisierung noch nicht abgeschlossen. Der junge Hund muss weiterhin mit den Anforderungen, die das Leben an ihn stellt, vertraut gemacht werden.

### Krankheit

Manche Krankheiten können sich auf das Verhalten eines Hundes auswirken. Besonders wenn die Verhaltensveränderung des Hundes plötzlich auftritt, kann das ein Hinweis darauf sein, dass der Hund krank ist. Schilddrüsenerkrankungen können zum Beispiel für massive Verhaltensänderungen bei Hunden verantwortlich sein.

Der Gang zum Tierarzt ist immer der erste Schritt, den man unternehmen sollte, wenn ein Hund Verhaltensauffälligkeiten entwickelt.

### Genetik

Einige Verhaltensweisen von Hunden, die als problematisch gelten, sind genetisch festgelegt und treten unabhängig von den Erfahrungen und der Umgebung des Hundes auf.

Ein Jagdhund handelt instinktiv, wenn er jagt, da dieser Trieb in seinem biologischen Verhaltensmuster verankert ist. Bei der Zucht von Jagdhunden legt man Wert darauf, diese Eigenschaft zu fördern. Eine Einflussnahme auf dieses Charaktermerkmal ist nur eingeschränkt möglich. Man kann dem Hund den Jagdtrieb niemals vollständig aberziehen. Allerdings ist eine Verhaltensbeeinflussung möglich.

## Methoden der Problemlösung

Je nach Verhaltensproblem muss man unterschiedliche Vorgehensweisen anwenden. Ein ängstlicher Hund zum Beispiel muss unter Umständen mehr Selbstbewusstsein bekommen, wohingegen man bei einem Hund, der beim Spaziergang an der Leine zerrt, ein völlig anderes Training durchführt.

## Grunderziehung - der Hund muss wissen, was er tun soll

Eine gute Grunderziehung ist bei der Lösung der meisten Verhaltensprobleme eine wichtige Grundlage. Ein Hund, der die Grundbefehle zuverlässig ausführt, ist in schwierigen Situationen leichter kontrollierbar. Regelmäßiges Üben der Grundbefehle stärkt die Beziehung zwischen Halter und Hund. Außerdem wirkt es Problemen wie Langeweile oder mangelndem Gehorsam entgegen.

Wenn Ihr Hund die Befehle „Sitz“, „Platz“, „Bleib“ und „Hier“ noch nicht zuverlässig beherrscht, muss er sie lernen. Im Kapitel „Die Grunderziehung“ finden Sie einen umfangreichen Kursus mit ausführlichen Erklärungen und Trainingsplänen. Sie werden schrittweise dabei angeleitet, Ihren Hund grundzuerziehen.

## Unerwünschtes Verhalten ignorieren

Hunde lernen, genau wie andere Lebewesen, durch Erfolgserlebnisse. Sie merken sich diejenigen Verhaltensweisen, die sich als erfolgreich erweisen und wiederholen sie. Wenn ein Hund beispielsweise auf Spaziergängen an der Leine zieht und dadurch jedes Mal an die Stelle kommt, die er gerne erreichen möchte, wird er dieses für ihn nutzbringende Verhalten beibehalten. Er hat gelernt, dass das Ziehen an der Leine ein erfolgreiches Verhalten ist.

Manche Verhaltensprobleme lassen sich durch Ignorieren lösen. Ein Verhalten, das gar nicht beachtet wird und somit nicht zum erhofften Erfolg führt, wird über kurz oder lang wieder aufgegeben. Ein Hund, der bei Tisch bettelt und konsequent ignoriert wird, hört irgendwann auf zu betteln, weil er merkt, dass sein Verhalten erfolglos ist.

Ignorieren bedeutet, dass man seinen Hund überhaupt nicht beachtet. Man darf ihn nicht ansehen oder ansprechen. Auch etwaige Unmutsäußerungen wie Seufzen oder Stöhnen müssen vermieden werden. Blicke aus den Augenwinkeln bemerken aufmerksame Hunde ebenfalls sofort. Beim Ignorieren ist Konsequenz sehr wichtig, da man sich sonst bisher erreichte Erziehungserfolge wieder zunichte macht.

Ignorieren fällt vielen Hundebesitzern sehr schwer und sie empfinden es als hartherzig. Aber es ist unter Hunden ein ganz normales Mittel der Kommunikation. Hunde verstehen, was Ignorieren bedeutet und setzen es bei ihren Artgenossen ein.

### Erwünschtes Verhalten belohnen

Stellt ein Hund fest, das seine Lebensqualität durch ein bestimmtes Verhalten verbessert wird, wird er dieses Verhalten häufiger zeigen. Wenn der Hund sich bei dem Befehl „Sitz" hinsetzt und dafür eine leckere Belohnung und ein liebevolles Lob bekommt, merkt er sich, dass dieses Verhalten ihm etwas Positives eingebracht hat.

Durch Belohnung kann man das Verhalten eines Hundes gezielt beeinflussen. Die Bereitwilligkeit des Hundes, Handlungen auf Kommando auszuführen, wird durch Belohnung stark gefördert und die Lernerfolge halten länger an, als bei der Erziehung eines Hundes durch Strafen.

### Problemen aus dem Weg gehen

Bei der Haltung eines Hundes ist vorausschauendes Handeln wichtig. Weiß man beispielsweise, dass der Hund gerne Schuhe zerkaut, dann kann man Probleme vermeiden, indem man ihm keinen Zugang zu Schuhen lässt.

Wenn der Hund sich regelmäßig mit einem Rüden aus der Nachbarschaft beißt, dann sollte man versuchen, Konfrontationen zu vermeiden und dem Rivalen möglichst aus dem Weg gehen.

### Angst abbauen

Manchmal ist Angst der Grund für Verhaltensauffälligkeiten bei Hunden. Dann hilft meistens ein langsames und schrittweises Abbauen der Angst und das Verhalten des Hundes normalisiert sich wieder.

Ein Hund, der ständig bellt, wenn er allein gelassen wird, leidet möglicherweise unter Trennungsangst. Eine Behandlung der Angst durch behutsames Gewöhnen an das Alleinbleiben, führt dazu, dass der Hund sich ruhig verhält, wenn er über einen längeren Zeitraum allein bleiben muss.

## Problematische Verhaltensweisen korrigieren

Wenn Ihr Hund unerwünschte Verhaltensweisen angenommen hat, sollten Sie als erstes versuchen, herauszufinden, welcher Art das Verhalten Ihres Hundes ist und wann und warum es dazu kommt.

Um Verhaltensprobleme bei Hunden erfolgreich zu lösen, ist es häufig erforderlich, dass er eine gute Grunderziehung bekommt.

Außerdem sollte man täglich Gehorsamkeitsübungen mit sein Hund machen. Zwar ist ein guter Gehorsam nicht die Lösung für jedes Verhaltensproblem, aber er verbessert das Verhalten des Hundes, was unterstützend wirkt. Regelmäßige Gehorsamkeitsübungen haben gleich mehrere Vorteile. Das Vertrauen des Hundes in seinen Menschen wird gestärkt, die Bindung zwischen Halter und Hund wird gefestigt, der Hund wird beschäftigt und er wird leichter zu kontrollieren.

# Aggressives Verhalten

Die größten Probleme im Zusammenleben mit dem Hund entstehen, wenn der Vierbeiner sich aggressiv gegenüber anderen Lebewesen verhält.

Wahrscheinlich hat jeder Mensch schon einmal erfahren, wie beängstigend es ist, an einem Grundstück vorbei zu gehen, das von einem übermäßig pflichtbewussten Hund verteidigt wird, der sofort anfängt, wild zu bellen, sobald man sich der Territorialgrenze seines Reiches nähert.

Manche Hunde wiederum geraten jedes Mal völlig aus dem Häuschen, wenn sich ein anderer Rüde nähert, weil sie befürchten, dass ihnen dieser überlegen sein könnte.

Sehr viele Hundehalter sind vollkommen entsetzt, wenn ihr Hund sich plötzlich aggressiv verhält. Es lag ja niemals in ihrer Absicht, ihren Hund zu einem solchen Verhalten zu erziehen. Dann versuchen sie, durch Strafen, Schreien, Streicheln oder Beruhigen auf ihren Hund einzuwirken, um das aggressive Verhalten zu unterbinden.

Unglücklicherweise führen gerade diese Maßnahmen nie zu einer Besserung, sondern das aggressive Verhalten des Hundes wird häufig sogar noch schlimmer und die Hundebesitzer immer verzweifelter.

## Was ist aggressives Verhalten?

Aggressives Verhalten ist jedes Verhalten, das ein Hund zeigt, um einen Menschen oder ein anderes Tier einzuschüchtern oder zu verletzen.

Um mit ihren Artgenossen zu kommunizieren, zeigen Hunde je nach Situation eine aggressive oder unterwürfige Körpersprache. Aggressives Verhalten ist unter Hunden ganz normal, wobei Beißen dazu gehören kann, aber selten eingesetzt wird.

# Konfliktlösung auf Hundeart

Grundsätzlich versuchen Hunde, Konflikte gar nicht erst entstehen zu lassen. Das hat die Natur so eingerichtet, denn ein Hund, der ständig streitet und kämpft, vergeudet damit wertvolle Zeit und Energie, die er viel dringender für die Nahrungsbeschaffung und die Fortpflanzung braucht. Außerdem läuft er Gefahr, sich zu verletzen.

Um Konfliktsituationen kampflos zu klären, verfügen Hunde über ein Verhaltensrepertoire, das sie stufenweise an den Tag, wobei der Aggressionsgehalt sich graduell steigert. Gebissen wird in der Regel erst, wenn alle Versuche, den Konflikt zu vermeiden, fruchtlos waren.

Die meisten Hunde zeigen als erstes ein Beschwichtigungsverhalten, wie etwa das Heben der Pfote, Wegschauen, sich kurz über die Nase lecken oder Gähnen.

Wenn das nicht beachtet wird, versuchen sie Distanz zwischen sich und der Bedrohung zu schaffen, indem sie weggehen. Meistens legen sie die Ohren an, ziehen die Mundwinkel nach hinten oder klemmen die Rute ein. Wenn diese Taktik nicht erfolgreich ist, legen sie sich auf den Rücken, um Unterordnung zu demonstrieren.

Erst danach erfolgt das aggressive Verhalten. Der Hund knurrt dann bedrohlich, zeigt seine Zähne, legt die Ohren an und richtet seine Mundwinkel nach hinten.

Spätestens wenn auch das Knurren ohne Wirkung bleibt, schnappt der Hund zu, wobei er dabei üblicherweise noch nicht die Absicht hat, seinen Gegner zu verletzen.

Nur wenn auch das nicht zum Erfolg führt, beißt der Hund richtig zu. Normalerweise hört er aber sofort auf zu beißen, wenn der Gegner aufgibt.

# Warum verhält sich der Hund aggressiv?

Aggression entsteht häufig aus Missverständnissen oder dem Fehlverhalten des Menschen. So mag ein bestimmtes Verhalten des Menschen dem Hund gegenüber freundlich gemeint sein, auf den Hund jedoch wirkt es bedrohlich. Weil die Art zu kommunizieren bei Mensch und Hund so unterschiedlich ist, kann es leicht zu Missverständnissen kommen.

Oft liegt das aggressive Verhalten des Hundes auch daran, dass er nicht richtig sozialisiert wurde oder schlechte Erfahrungen gemacht hat. Es kann aber auch angeboren oder gesundheitlich bedingt sein.

Die Wahrscheinlichkeit, dass ein Hund aggressive Verhaltensweisen an den Tag legt, variiert von Tier zu Tier. Manche Hunde reagieren schon bei Kleinigkeiten aggressiv, andere sind ständig Situationen ausgesetzt, die auf Hunde bedrohlich wirken könnten und beißen trotzdem nicht.

Durch ein Training kann man das aggressive Verhalten des Hundes positiv beeinflussen, wobei die Erfolge abhängig von Alter, Geschlecht, Gesundheit, Rasse und Temperament des Hundes sowie den eingesetzten Trainingsmethoden sind. Es gibt aber leider auch immer wieder Hunde, die nicht korrigierbar sind.

# Häufige Gründe für aggressives Verhalten

- **Territorium und Nahrung**

  Hunde verteidigen ihr Territorium, um sich bestimmte Ressourcen wie Nahrung oder Ruheplätze zu sichern. Befürchtet ein Hund Konkurrenz in seinem Gebiet, kann es zu aggressivem Verhalten kommen. Das Ziel der Aggression ist es, den Eindringling zu vertreiben. Die Wahrscheinlichkeit, dass ein Hund in solch einer Situation beißt, ist groß, da es sich um die Verteidigung von für ihn lebensnotwendigen Ressourcen handelt.

- **Selbstverteidigung**

  Wird ein Hund angegriffen, reagiert er ganz natürlich, wenn er sein eigenes Leben verteidigt. Er beißt, weil er keine andere Möglichkeit mehr sieht, den Konflikt zu vermeiden. Manche Hundehalter versuchen mit falschen oder brutalen Erziehungsmaßnahmen auf das aggressive Verhalten ihres Hundes einwirken. Dann kann es vorkommen, dass der Hund sich bedroht fühlt und zubeißt, weil er sich verteidigen will.

- **Angstbeißer**

  Diese Hunde beißen, weil sie sich in die Enge getrieben oder bedroht fühlen und keine Möglichkeit zur Flucht sehen. Sie sehen keinen anderen Ausweg aus einer nach ihrem Empfinden bedrohlichen Situation. Ängstliche Hunde neigen eher dazu zu beißen, wenn sie erschreckt werden, zum Beispiel durch eine abrupte Handbewegung oder lautes Rufen.

  Die Angst dieser Hunde kann darin begründet liegen, dass sie als Welpe nicht ausreichend sozialisiert wurden oder dass sie in der Vergangenheit schlechte Erfahrungen gemacht haben.

Ein Hund kann ängstlich werden, wenn er ein bestimmtes Ereignis oder eine bestimmte Person mit etwas Unangenehmen assoziiert. Wenn ein Hund zum Beispiel wegen etwas ausgeschimpft und gleichzeitig am Halsband gefasst wurde, kann es sein, dass er in Zukunft ängstlich reagiert, wenn man ihn am Halsband festhält. Ängstliche Hunde, die an der Leine gehalten werden, neigen noch eher dazu zu beißen. Das liegt daran, dass sie ihrem Fluchtinstinkt nicht folgen können, wenn sie Angst haben. Ein angeleinter Hund ist sich im Klaren darüber, dass er nicht fliehen kann und wird sich deswegen möglicherweise entscheiden zu beißen, um sich selbst zu verteidigen. Man sollte sich einem ängstlichen Hund immer mit Vorsicht nähern. Plötzliche und unerwartete Handlungen, wie ans Halsband fassen, können dazu führen, dass der Hund zuschnappt.

## Aggression wegen Krankheit

### Körperliche Ursachen

Es sind mittlerweile einige Krankheiten bekannt, die dazu führen können, dass Hunde aggressiv werden. Ein kranker Hund oder ein Hund, der Schmerzen hat, verhält sich eher aggressiv als ein gesunder.

### Psychische Ursachen

Natürlich können Hunde, genau wie Menschen, psychisch erkranken. Ein psychisch kranker Hund kann ganz überraschend aggressiv reagieren und ist daher kaum einschätzbar.

# Aggressives Verhalten gegenüber Menschen

Aggressives Verhalten wird dann zu einem ernsten Problem, wenn der Hund es als Mittel benutzt, um mit Menschen zu kommunizieren.

Ganz besonders gegenüber Menschen ist aggressives Verhalten inakzeptabel und ein ernstzunehmendes Problem. Man sollte möglichst schnell etwas dagegen unternehmen, da die Aggressivität des Hundes zunimmt und sich möglicherweise auf immer mehr Lebensbereiche ausweitet, je länger er Erfolg mit diesem Verhalten hat.

Ein Hund, der sich Menschen gegenüber aggressiv verhält, ist ein Sicherheitsrisiko. Wenn ein Hund einen Menschen verletzt, kann man das niemals wieder gut machen. Man darf dieses Problem nicht auf die leichte Schulter nehmen. Seien Sie lieber zu vorsichtig, als einmal zu nachlässig.

- Wenn Sie befürchten, dass Ihr Hund beißt, sollte er einen Maulkorb tragen, damit es nicht zu Bissverletzungen kommen kann.
- Einen aggressiven Hund sollte man niemals mit Kindern, älteren Menschen oder Fremden allein lassen.
- Man sollte einen aggressiven Hund niemals mit Kindern spielen lassen.
- Lassen Sie einen aggressiven Hund nie frei herumlaufen.

Wenden Sie sich an einen tiertherapeutisch ausgebildeten Tierarzt, damit er die Problematik Ihres Hundes beurteilt und Sie berät.

**Bitte beachten Sie:** Ein Hund, der einmal ein Aggressionsproblem hatte, ist ein Sicherheitsrisiko. Das heißt nicht, dass der Hund auf jeden Fall wieder aggressiv sein wird, aber die Wahrscheinlichkeit ist beträchtlich höher als bei Hunden, die dieses Verhalten nie gezeigt haben. Deswegen sollten die oben genannten Regeln auch nach einem erfolgreichen Training weiterhin eingehalten werden.

# Missverständnisse zwischen Mensch und Hund

Es gibt Verhaltensweisen, die Hunde völlig anders verstehen, als wir Menschen es tun.

## Direktes Ansehen

Für Hunde bedeutet direktes in die Augen sehen eine Bedrohung, während Menschen es als unhöflich empfinden, im Gespräch den Kopf wegzudrehen oder jemanden einfach stehen zu lassen. Einen Hund anzustarren, ob bewusst oder unbewusst, übermittelt dem Hund die Botschaft, dass man es auf eine Konfrontation abgesehen hat.

Ein dominanter Hund reagiert wahrscheinlich aggressiv auf direktes Ansehen, indem er zurückstarrt, knurrt und sein aggressives Verhalten schrittweise steigert. Ein unterwürfiger Hund hingegen macht sich eher klein, rollt sich auf den Rücken und uriniert möglicherweise sogar unterwürfig.

Man sollte fremde Hunde daher niemals direkt ansehen. Besteht ein Dominanzproblem mit dem eigenen Hund, sollte der direkte Blickkontakt ebenfalls vermieden werden. Es empfiehlt sich, ein Gehorsamkeitstraining mit dem Hund durchzuführen.

## Direktes Zulaufen auf den Hund

Ein Mensch, der sich einem anderen Menschen in einem großen Bogen nähert, würde mit seinem Verhalten sicherlich auf Unverständnis, wenn nicht sogar auf Misstrauen stoßen. Ein Hund jedoch empfindet eine frontale Annäherung als Bedrohung, besonders wenn er gerade frisst, ausruht oder an seinem Knochen knabbert.

Vermeiden Sie es, sich fremden Hunden frontal zu nähern. Wenn es ein Dominanzproblem mit Ihrem eigenen Hund gibt, sollten Sie ebenfalls darauf achten, Ihren Hund nicht durch direktes Auf-ihn-Zugehen zu provozieren. Beginnen Sie mit einem Gehorsamkeitstraining.

## Schwanzwedeln wird oft missverstanden

Die meisten Menschen glauben, dass ein Hund, der mit seinem Schwanz wedelt, sich freut. Das ist aber nicht immer sicher. Schwanzwedeln kann alles Mögliche bedeuten, angefangen bei Ärger über Aufmerksamkeit bis hin zur Freude. Schwanzwedeln ist lediglich ein Zeichen, dass der Hund erregt ist, ob freudig, aggressiv oder ängstlich, lässt sich, ohne die anderen Körpersignale zu deuten, nicht sagen.

# Der beißt nicht. Oder vielleicht doch?

Nehmen Sie das Verhalten Ihres Hundes ernst. Knurren oder Zähnefletschen sind deutliche Warnsignale des Hundes.

Hunde zeigen häufig erst einmal durch Blinzeln, kurzes Lecken über die Nase, Gähnen oder Wegschauen, dass sie sich in einer bestimmten Situation unbehaglich fühlen. Da wir Menschen auf völlig andere Weise zu verstehen geben, wenn uns etwas nicht gefällt, übersehen wir diese sanften Hinweise unserer Hunde oft, ohne es zu beabsichtigen. Werden diese Beschwichtigungsgesten des Hundes ignoriert, versucht er als Nächstes sein Befinden durch ein deutlicheres Verhalten kundzutun, indem er knurrt oder die Zähne fletscht.

Viele Hundehalter verharmlosen diese Warnsignale Ihres Hundes. Besonders bei kleineren Hunden wird ein Knurren oder Zähnefletschen oftmals nur müde belächelt. Das ist ein großer Fehler. Ein Hund, der knurrt oder die Zähne fletscht, signalisiert, dass er sich gezwungen sieht, etwas zu verteidigen, das er als sein Privileg ansieht oder dass er sich bedrängt fühlt.

Knurren bedeutet zunächst einmal, dass der Hund eigentlich noch gar nicht beißen will. Sonst hätte er das bereits getan. Viele Hunde knurren, beißen aber nicht. Man darf sich aber trotzdem keinesfalls darauf verlassen, dass ein Hund, der noch nie gebissen hat, das auch in Zukunft nicht tun wird.

# Verhalten in einer Drohsituation

Im Zusammenleben mit Hunden ist die Unversehrtheit des Menschen von oberster Priorität. Ein Mensch darf niemals durch einen Hund verletzt werden. Daher gilt es als Erstes, die drohende Gefahr, die von einem aggressiven Hund ausgeht, vom Menschen abzuwenden.

Wenn ein Hund Drohverhalten zeigt, kann man nur versuchen, die Situation zu entschärfen, um das Risiko, gebissen zu werden, zu vermindern. In einer solchen Situation sollte man nicht versuchen, seinen Hund zu erziehen. Dafür ist später noch genug Gelegenheit, wenn die Gemüter sich wieder beruhigt haben.

# Was man in einer Drohsituation keinesfalls tun sollte

Reagieren Sie niemals auf das Drohverhalten eines Hundes durch Gegenaggression. Es ist immer noch die gängige Auffassung vieler Hundebesitzer, dass sie sofort einschreiten müssen, wenn ihr Hund knurrt. So bestrafen sie ihren Hund durch Schütteln im Nackenfell, Schimpfen oder sogar Schlagen. Sie sind davon überzeugt, dass es nötig ist, ihren Hund zu maßregeln, um ihm das aggressive Verhalten abzugewöhnen. Es ist ihnen aber leider nicht bewusst, dass sie dadurch das aggressive Verhalten ihres Hundes nicht stoppen, sondern es eher noch verschlimmern können.

Durch Gegenaggression gefährden sie sich und ihre Umwelt unmittelbar. Die Wahrscheinlichkeit, dass ein Hund, der bereits Droh- bzw. Warnsignale zeigt, zubeißt, wenn man ihn anfasst oder schüttelt, ist sehr groß.

Des weiteren besteht die Möglichkeit, dass ein Hund, der die Erfahrung gemacht hat, dass man seine Drohsignale nicht ernst nimmt, beim nächsten Mal ohne vorherige Warnung zubeißt.

- **Bedrängen Sie den Hund nicht – fassen Sie ihn nicht an**

  Der Wohlfühlabstand bei Hunden ist erheblich größer, als der von Menschen. Während wir Menschen einen körperlichen Abstand von unter einem Meter zu fremden Personen als sehr unangenehm empfinden, ist der Abstand, den ein Hund braucht, um sich nicht bedrängt zu fühlen, ungefähr drei- bis viermal so groß, wobei das nur ein ungefährer Richtwert ist, denn er kann sogar noch größer sein.

- **Nähern Sie sich in einer Drohsituation Ihrem Hund nicht**

  Versuchen Sie niemals, einen drohenden Hund am Halsband oder im Nacken zu greifen und fortzuziehen. Der Hund könnte sich derartig bedrängt fühlen, dass er zubeißt.

- **Versuchen Sie nicht, den Hund zu beruhigen**

  Wenn man versucht, einen aggressiven Hund zu beruhigen, indem man ihn zum Beispiel streichelt oder ruhig mit ihm spricht, kann ihn das in seinem Verhalten bestärken. Er glaubt, dass er alles richtig macht, weil er ja freundlich behandelt wird. Für den Hund bedeutet das, dass sein Verhalten erfolgreich ist. Da Hunde durch Erfolgserlebnisse lernen, werden sie dadurch ermuntert, sich in Zukunft erneut aggressiv zu verhalten. Außerdem ist es grundsätzlich nicht ratsam, einen drohenden Hund anzufassen.

# Welche Maßnahmen müssen ergriffen werden?

Schließen Sie als Allerallererstes aus, dass Ihr Hund an einer Krankheit oder Schmerzen leidet, die zu seinem aggressiven Verhalten führt. Eine Untersuchung bei Ihrem Tierarzt ist der erste Schritt.

Wenn Sie befürchten oder es bereits soweit ist, dass Ihr Hund Sie oder andere Personen oder andere Tiere beißt, sollte Ihr Hund unbedingt einen Maulkorb tragen. Ein Hund, der beißt, stellt ein Sicherheitsrisiko dar. Er könnte jederzeit wieder beißen und es könnte ein Mensch dabei schwer verletzt werden. Sie dürfen auf keinen Fall den Fehler machen, die Gefahr, die von Ihrem Hund ausgeht, zu unterschätzen, denn das könnte schlimme Folgen für Sie und/ oder andere Menschen haben.

*Wichtig!*

Nehmen Sie unbedingt Kontakt zu einem erfahrenen Hundetrainer oder einem tiertherapeutisch ausgebildeten Tierarzt auf. Die Gründe, warum Hunde Aggressionen zeigen, sind für die Betroffenen nicht immer offenkundig, so dass Sie sich zur Sicherheit Rat von einem Experten einholen sollten.

# Aggressives Verhalten gegenüber Kindern

Viele Hundehalter glauben, dass Ihr Hund sich den Kindern in der Familie unterordnen muss. Kinder sind aber wegen ihrer geringen Körpergröße und ihres kindlichen Verhaltens noch gar nicht dazu in der Lage, einen Hund in seine Schranken zu verweisen. Der Hund sieht also verständlicherweise gar keinen Grund, sich ihnen unterzuordnen.

Die häufigsten Attacken durch Hunde, bei denen ein Mensch verletzt wird, passieren innerhalb der Familie, in der der Hund lebt und richten sich meistens gegen diejenigen Familienmitglieder, die der Hund am wenigsten respektiert. Das sind zumeist die Kinder oder manchmal auch alte Menschen. Ein Hund sollte deshalb grundsätzlich niemals mit Kindern allein gelassen werden, die noch nicht groß und reif genug sind, ihn zu kontrollieren.

Wir möchten an dieser Stelle darauf hinweisen, dass es äußerst gefährlich ist, wenn ein Hund sich Kindern gegenüber aggressiv verhält. Auch wenn er zum Beispiel „nur“ knurrt, um das Kind auf Abstand zu halten, ist das ein ernstes Zeichen. Schließlich können Kinder diese Situationen meistens noch nicht als riskant einstufen und reizen den Hund, ohne es zu wollen oder zu wissen. Vielleicht nähern sie sich dem Hund trotz seines Knurrens oder versuchen, ihn zu streicheln und anzufassen. Auf das Knurren kann dann jederzeit ein Angriff mit Bissverletzungen folgen. Wenn so etwas passiert, ist das eine Katastrophe.

Ein solcher Hund muss in Anwesenheit von Kindern immer einen Maulkorb tragen. Er darf auch auf keinen Fall mit Kindern allein gelassen werden. Es ist wahrscheinlich besser und sicherer für alle Beteiligten, den Hund in eine Umgebung ohne Kinder abzugeben.

Wenden Sie sich unbedingt zur Beratung an einen tiertherapeutisch ausgebildeten Tierarzt oder einen erfahrenen Hundetrainer.

## Training für Hunde, die sich Menschen gegenüber aggressiv verhalten

Wenn Sie mit einem Verhaltenstraining für aggressive Hunde beginnen, müssen Sie sich darüber im Klaren sein, dass Ihr Hund sein Verhalten möglicherweise nicht ohne Gegenwehr verändern wird. Es könnte sein, dass er versuchen wird zu beißen.

Zu Ihrem eigenen und dem Schutz anderer, sollte ein aggressiver Hund einen Maulkorb tragen. Achten Sie darauf, dass der Maulkorb richtig sitzt und der Hund ihn nicht einfach abstreifen kann. Lassen Sie sich fachlich beraten. Am besten nehmen Sie den Hund mit, wenn Sie den Maulkorb kaufen.

Bedenken Sie bitte, ein Maulkorb schadet Ihrem Hund nicht, aber er kann Sie und andere davor schützen, verletzt zu werden.

# An den Maulkorb gewöhnen

Einen Hund an einen Maulkorb zu gewöhnen, ist nicht schwierig und es reduziert Stress, wenn der Hund bereits mit dem Tragen eines Maulkorbs vertraut gemacht wurde, bevor die Situation auftritt, in der er ihn angelegt bekommen muss. Daher kann es grundsätzlich bei keinem Hund schaden, wenn er ein Maulkorbtraining bekommt.

### Worauf muss man bei einem Maulkorb achten?

- Es sollte ein richtiger Maulkorb aus Draht, Kunststoff oder festem Leder sein. Eine Maulschlaufe ist nicht geeignet.

- Der Maulkorb sollte so beschaffen sein, dass der Hund nicht beißen kann.

- Der Hund darf ihn nicht selbst entfernen können.

- Der Maulkorb darf nicht am Kopf verrutschen können.

- Der Hund muss sein Maul soweit öffnen können, dass er hecheln, trinken und ein Leckerchen fressen kann.

## Wichtig beim Maulkorbtraining

- Lassen Sie den Hund während der Gewöhnungsphase nicht unbeaufsichtigt.
- Verhindern Sie, dass der Hund sich verletzt, wenn er versucht, den Maulkorb abzustreifen.
- Sie dürfen Ihren Hund nicht bestrafen, wenn er versucht den Maulkorb loszuwerden.
- Sie dürfen Ihren Hund nicht beruhigen oder streicheln, wenn er sich gegen den Maulkorb wehrt. Ignorieren Sie sein Verhalten.
- Der Hund darf nur positive Erlebnisse haben, wenn er den Maulkorb trägt. So assoziiert er den Maulkorb mit etwas Angenehmen (Lob, Spiel, Leckerchen, Gassi gehen).

## Training

Die Übungen im nachfolgenden Trainingsplan bauen aufeinander auf. Erst wenn Ihr Hund eine Übung vollständig beherrscht und ruhig bleibt, sollten Sie zur nächstfolgenden Übung übergehen. Falls Sie zu schnell vorgegangen sind, gehen Sie einfach ein oder zwei Übungen zurück.

# Maulkorb-Trainingsplan

## Übung 1

| | |
|---|---|
| Was? | Halten Sie ein Leckerchen an die Öffnung des Maulkorbs und verleiten Sie den Hund dazu, sich mit der Nase dem Maulkorb zu nähern, um das Leckerchen zu nehmen. |
| Wo? | Zuhause |
| Wie oft? | 5 Wiederholungen, danach eine kurze Pause. |
| Was beachten? | Ihr Hund beherrscht die Übung, wenn er seine Schnauze ohne zu zögern an die Öffnung des Maulkorbs bringt. |

## Übung 2

| | |
|---|---|
| Was? | Halten Sie ein Leckerchen etwas weiter hinein in den Maulkorb und verleiten Sie den Hund dazu, die Nase ein Stück weit in den Maulkorb zu stecken, um das Leckerchen zu nehmen. |
| Wo? | Zuhause |
| Wie oft? | 5 Wiederholungen, danach eine kurze Pause. |
| Was beachten? | Ihr Hund beherrscht die Übung, wenn er seine Schnauze ohne zu zögern in die Öffnung des Maulkorbs steckt. |

## Übung 3

| | |
|---|---|
| Was? | Halten Sie das Leckerchen so, dass Ihr Hund die Schnauze komplett in den Maulkorb stecken muss, um das Leckerchen zu nehmen.<br>Wenn seine Schnauze im Maulkorb ist, ziehen Sie die Bänder, die den Maulkorb befestigen, leicht nach hinten und üben so einen leichten Druck auf die Schnauze des Hundes aus. |

| | |
|---|---|
| Wo? | Zuhause |
| Wie oft? | 5 Wiederholungen, danach eine kurze Pause. |
| Was beachten? | Ihr Hund beherrscht die Übung, wenn er seine Schnauze ohne zu zögern in die Öffnung des Maulkorbs steckt und nicht nervös wird, wenn Sie an den Bändern ziehen. |

## Übung 4

| | |
|---|---|
| Was? | Halten Sie das Leckerchen so, dass Ihr Hund die Schnauze komplett in den Maulkorb stecken muss, um das Leckerchen zu nehmen.<br>Wenn seine Schnauze im Maulkorb ist, ziehen Sie die Bänder, die den Maulkorb befestigen leicht nach hinten und halten Sie sie fest. Geben Sie dem Hund ein zweites Leckerchen und nehmen Sie erst danach den Maulkorb wieder ab. |
| Wo? | Zuhause |
| Wie oft? | 5 Wiederholungen, danach eine kurze Pause. |
| Was beachten? | Ihr Hund beherrscht die Übung, wenn er seine Schnauze ohne zu zögern in die Öffnung des Maulkorbs steckt und nicht nervös wird, wenn Sie die Bänder festhalten. |

## Übung 5

| | |
|---|---|
| Was? | Legen Sie dem Hund den Maulkorb an und geben Sie ihm dann ein Leckerchen. Machen Sie den Maulkorb zu und geben Sie ihm ein zweites Leckerchen. Zählen Sie bis zwei und geben Sie ein drittes Leckerchen.<br>Danach nehmen Sie den Maulkorb wieder ab. |
| Wo? | Zuhause |

| | |
|---|---|
| Wie oft? | 5 Wiederholungen, danach eine kurze Pause. |
| Was beachten? | Ihr Hund beherrscht die Übung, wenn er seine Schnauze ohne zu zögern in die Öffnung des Maulkorbs steckt und nicht nervös wird, wenn Sie die Bänder schließen und den Maulkorb kurz angelegt lassen. |

## Übung 6

| | |
|---|---|
| Was? | Wie Übung 5, aber erhöhen Sie die Tragzeit des Maulkorbs in 10 Sekunden Schritten, bis Ihr Hund den Maulkorb für eine ganze Minute tragen kann.<br>Geben Sie ihm in Intervallen Leckerchen, solange er nicht versucht, den Maulkorb abzustreifen. |
| Wo? | Zuhause |
| Wie oft? | 5 Wiederholungen, danach eine kurze Pause. |
| Was beachten? | Ihr Hund beherrscht die Übung, wenn er seine Schnauze ohne zu zögern in die Öffnung des Maulkorbs steckt und nicht nervös wird, wenn Sie die Bänder schließen und den Maulkorb angelegt lassen. |

## Übung 7

| | |
|---|---|
| Was? | Legen Sie Ihrem Hund den Maulkorb an und verlocken Sie ihn mit einem Leckerchen dazu, auf Sie zu zugehen. Geben Sie ihm ungefähr alle 4 Schritte, die er macht, ein Leckerchen. |
| Wo? | Zuhause |
| Wie oft? | 5 Wiederholungen, danach eine kurze Pause. |

| | |
|---|---|
| Was beachten? | Ihr Hund beherrscht die Übung, wenn er ohne zu zögern auf Sie zukommt und das Leckerchen nimmt. Loben Sie ihn, wenn er ruhig bleibt. Ignorieren Sie ihn, wenn er nervös wird. |

## Übung 8

| | |
|---|---|
| Was? | Legen Sie Ihrem Hund den Maulkorb an und lassen Sie ihn nach und nach bis zu einer halben Stunde angelegt. |
| Wo? | Zuhause und unterwegs |
| Wie oft? | 5 Wiederholungen, danach eine kurze Pause. |
| Was beachten? | Diese Übung sollten sie regelmäßig machen, um Ihren Hund an den Maulkorb gewöhnt zu halten. |

# Der Hund liegt auf dem Sofa und knurrt, wenn Sie näher kommen

Ihr Hund verteidigt sein vermeintliches Territorium durch aggressives Verhalten. In der Akutsituation sind Erziehungsversuche wirkungslos und möglicherweise sogar gefährlich.

## Sofortmaßnahmen

Ihr Hund darf ab sofort nicht mehr auf die Möbel oder andere erhöhte Plätze. Diese Regel muss immer und ohne Ausnahme gelten und von allen Familienmitgliedern respektiert werden.

Ihr Hund trägt Halsband und Leine zunächst auch zuhause. Wenn Sie befürchten, dass Ihr Hund beißt, sollte er auch einen Maulkorb tragen. Sobald er auf ein Möbel springt, ziehen Sie ihn an der Leine wieder herunter. Sie dürfen mit Ihren Hund dabei nicht sprechen, ihn nicht schimpfen und nicht bestrafen. Versuchen Sie auch nicht, ihn zu beruhigen, wenn er knurrt. Schweigen Sie, während Sie den Hund von Ihrer Couch ziehen. Springt er danach sofort wieder zurück auf das Möbelstück, wiederholen Sie den Vorgang.

Um Ihren Hund daran zu hindern, weiter auf die Möbel zu springen, können Sie sperrige Dinge darauf legen. Manchmal ist es auch nötig, den Hund anzubinden, nachdem man ihn vom Sofa herunter gezogen hat.

Ihr Hund bekommt seinen eigenen Platz. Schaffen Sie Ihrem Hund einen eigenen Liegeplatz, der nur ihm gehört. Es gibt schöne Hundebetten im Handel, aber auch ein gemütliches Kissen oder eine weiche Decke erfüllt seinen Zweck. Dieses Hundebettchen platzieren Sie dann am besten neben der Couch. Der Ort sollte zugfrei sein und sich an einer Stelle befinden, an der Ihr Hund alles gut im Blick hat. An diesen Platz kann er sich zurückziehen und dort wird er niemals gestört.

## Was kann man zusätzlich tun?

Ihr Hund sollte eine gute Grunderziehung bekommen. Üben Sie die Kommandos aus dem Kapitel „Die Grunderziehung“ und integrieren Sie sie in Ihren Tagesablauf. Lassen Sie Ihren Hund Kommandos ausführen, bevor Sie ihm etwas geben, wie zum Beispiel sein Futter oder etwas Schönes mit ihm machen, wie beispielsweise einen Spaziergang. Das verbessert den Gehorsam Ihres Hundes. Lassen Sie Ihren Hund außerdem von einem ausgebildeten Tiertherapeuten oder Hundetrainer begutachten.

## Trainingsplan

### Übung 1

| | |
|---|---|
| Was? | Hund rufen und Sitz machen lassen. Mit dem Hund kurz schmusen. Aufstehen und Abschlusskommando geben. |
| Wo? | Zuhause |
| Wie oft? | Zehnmal, verteilt über den Tag |
| Warum? | So stärken Sie das Vertrauen Ihres Hundes in Sie. |
| Was beachten? | Lieber kürzer schmusen, damit der Hund die Aktivität nicht vor Ihnen beendet. |

### Übung 2

| | |
|---|---|
| Was? | Hund rufen und Sitz machen lassen. Abschlusskommando geben und dann mit dem Hund spielen. |
| Wo? | Im Freien in ablenkungsfreier Umgebung |
| Wie oft? | Dreimal, pro Spaziergang |
| Warum? | Ihr Hund soll lernen, Ihnen zu gehorchen. |
| Was beachten? | Spielen Sie keine Zerrspiele, bei denen Ihr Hund gewinnen kann. |

### Übung 3

| | |
|---|---|
| Was? | Hund rufen und Sitz machen lassen. Futternapf vor den Hund stellen. Abschlusskommando geben. Hund in Ruhe fressen lassen. Wenn er genug hat und weggeht, den Futternapf sofort wegräumen. |
| Wo? | Zuhause am Futterplatz, ohne Ablenkung |
| Wie oft? | Bei jeder Mahlzeit |

| | |
|---|---|
| Warum? | So zeigen Sie Ihrem Hund, dass er erst gehorsam sein muss, bevor er seine Nahrung erhält. |
| Was beachten? | Stören Sie den Hund nicht beim Fressen durch Streicheln oder Vorbeilaufen. |

## Übung 4

| | |
|---|---|
| Was? | Hund rufen und Sitz machen lassen. Hundeleine am Halsband befestigen. Leine festhalten und als erster durch die Tür gehen. Abschlusskommando geben. |
| Wo? | Bevor man mit dem Hund ins Freie geht |
| Wie oft? | Vor jedem Verlassen des Hauses |
| Warum? | Dadurch, dass Sie als Erster durch die Tür gehen, lernt Ihr Hund zu warten und Ihnen zu gehorchen. |
| Was beachten? | Machen Sie die Leine nur dann fest, wenn Ihr Hund ruhig sitzt. Zwängt Ihr Hund sich beim Rausgehen an Ihnen vorbei, Hund wortlos an den Platz zurückbringen und Übung wiederholen. |

# Der Hund reagiert aggressiv, wenn sich ihm jemand beim Fressen nähert

Ihr Hund verteidigt sein Futter gegen Sie oder andere Personen, die sich ihm nähern. Auf keinen Fall dürfen Sie dem Hund das Futter jetzt wegnehmen, denn das könnte zu einem Biss führen. Sie dürfen weder mit ihm schimpfen, noch ihn dafür bestrafen. Auch sollten Sie Ihren Hund nicht streicheln oder beruhigen.

## Sofortmaßnahmen

Nehmen Sie Ihrem Hund das Futter niemals weg, während er frisst. Lassen Sie ihn an einer ungestörten Stelle in Ruhe fressen. Der Hund sollte auch nicht durch andere Familienmitglieder bei der Nahrungsaufnahme gestört werden.

Führen Sie feste Fütterungszeiten ein und räumen Sie den Futternapf immer weg, wenn Ihr Hund fertig gefressen hat. Auch wenn sich darin noch Reste befinden. Zwischen den Fütterungszeiten sollte kein Futter zur freien Verfügung Ihres Hundes herumstehen.

## Training

Futteraggression zeigt sich dadurch, dass Ihr Hund knurrt, schnappt oder sogar beißt, um seinen Futternapf oder sein Futter zu verteidigen. Vielleicht wurde Ihrem Hund als Welpe manchmal der Napf weggenommen, bevor er fertig gefressen hatte? Oder er wurde (unbewusst) durch Beruhigung und Streicheln in seinem Verhalten bestärkt, wenn er erste Ansätze von Verteidungsverhalten bei seinem Kauknochen gezeigt hat.

Üben Sie regelmäßig den Gehorsam Ihres Hundes. Gehorsamkeitsübungen kann man in den Tagesablauf integrieren. Sorgen Sie dabei für Abwechslung, so bringt es beiden viel Spaß und wird nicht zur langweiligen Routine. Ihr Hund lernt dadurch Ihre Autorität zu akzeptieren.

Ihr Hund muss lernen, dass er Ihnen vertrauen kann, aber auch gehorchen muss. Alles Gute kommt ja schließlich von Ihnen. Wenn er Ihnen gehorcht, dann bekommt er alles, was er braucht. Wenn er nicht gehorsam ist, dann bekommt er auch nichts. Das ist die innere Grundhaltung, die Sie sich ab jetzt aneignen sollten.

Der Befehl „Sitz“ ist gut geeignet, um den Gehorsam Ihres Hundes zu verbessern. Ihr Hund sollte nichts mehr „umsonst“ bekommen. Er muss von nun an vor jeder Gabe (Futter, Spiel, Spazierengehen, Streicheln usw.) „Sitz“ machen und darf erst wieder aus dieser Position aufstehen, wenn er von Ihnen das Abschlusskommando bekommt.

Falls Ihr Hund den Befehl „Sitz“ noch nicht beherrscht, muss er ihn erst lernen. Gehen Sie dazu bitte zurück zum Kapitel „Die Grunderziehung“ und führen Sie die Lektion für den Befehl „Sitz“ durch, bis Ihr Hund den Befehl versteht und ausführen kann.

Beachten Sie bei den Übungen bitte Folgendes:

Niemals schimpfen, bestrafen, schlagen, Futter wegnehmen, streicheln oder beruhigen, wenn Ihr Hund knurrt. Besser ist, ihn zu ignorieren. Drehen Sie sich zur Seite und schauen Sie Ihren Hund nicht an.

Der nachfolgende Beispieltrainingsplan soll demonstrieren, wie ein Training für einen Hund mit Futterneid aussehen kann. Man sollte beim Üben immer darauf achten, dass der Hund nicht die Möglichkeit hat, jemanden zu verletzen, falls er zuschnappt oder beißt. Es ist sicherer, ihn beim Üben anzubinden.

Der Sinn dieses Trainings ist es, dem Hund beizubringen, dass er keinen Grund hat, aggressiv zu werden, wenn sich ihm ein Mensch beim Fressen nähert. Er soll lernen, den Menschen nicht als Futterkonkurrenten zu sehen. Indem man ihm sein Futter nur dann gibt, wenn er sich ruhig verhält, merkt sich der Hund, dass dieses Verhalten für ihn positiv ist. Wenn er sich ruhig und ohne zu Knurren in der Sitzposition befindet, können Sie ihn Häppchen für Häppchen füttern. Knurrt er, bekommt er nichts.

## Beispieltrainingsplan für Hunde mit Futterneid

### Übung 1

| | |
|---|---|
| Was? | Hund rufen und Sitz machen lassen. Mit dem Hund kurz schmusen. Aufstehen und Abschlusskommando geben. |
| Wo? | Zuhause |
| Wie oft? | Zehnmal, verteilt über den Tag. |
| Warum? | So stärken Sie das Vertrauen Ihres Hundes in Sie. |
| Was beachten? | Lieber kürzer schmusen, damit der Hund die Aktivität nicht vor Ihnen beendet. |

### Übung 2

| | |
|---|---|
| Was? | Hund rufen und Sitz machen lassen. Abschlusskommando geben und dann mit dem Hund spielen. |
| Wo? | Im Freien in ablenkungsfreier Umgebung. |
| Wie oft? | Dreimal, pro Spaziergang. |
| Warum? | Der Hund muss lernen, Ihnen zu gehorchen. |
| Was beachten? | Spielen Sie keine Zerrspiele, bei denen Ihr Hund gewinnen kann. |

### Übung 3

| | |
|---|---|
| Was? | Hund rufen und Sitz machen lassen. Gehen sie in die Hocke und stellen Sie den leeren Futternapf vor Ihren Hund. Dann geben Sie ihm sein Futter häppchenweise in den Napf. Benutzen Sie einen langen Kochlöffel, damit Sie genug Sicherheitsabstand von Ihrem Hund haben. |

| | |
|---|---|
| Wo? | Zuhause am Futterplatz, ohne Ablenkung |
| Wie oft? | Zu den Fütterungszeiten |
| Warum? | So zeigen Sie Ihrem Hund, dass er seine Nahrung von Ihnen erhält, und zwar nur dann, wenn er gehorsam ist. |
| Was beachten? | Geben Sie dem Hund das Futter nur, wenn er brav sitzt und nicht knurrt oder bellt.<br>Binden Sie den Hund bei dieser Übung sicherheitshalber mit der Leine fest, damit er Sie nicht erreichen kann, wenn er plötzlich zuschnappen sollte. |

## Übung 4

| | |
|---|---|
| Was? | Hund rufen und Sitz machen lassen. Geben Sie ihm den vollen Futternapf und ziehen Sie sich zurück. Gehen Sie dann wie unbeabsichtigt am fressenden Hund vorbei und lassen von oben ein besonderes beliebtes Leckerchen in den Napf fallen (Natürlich nur, wenn er nicht knurrt). |
| Wo? | Zuhause am Futterplatz, ohne Ablenkung |
| Wie oft? | Zu den Fütterungszeiten |
| Warum? | So lernt Ihr Hund, dass es für ihn positiv ist, wenn Sie sich ihm beim Fressen nähern. |
| Was beachten? | Binden Sie den Hund bei dieser Übung sicherheitshalber mit der Leine fest.<br>Beim Vorbeigehen darauf achten, dass Ihr Hund Sie nicht erreichen kann, falls er plötzlich zuschnappt. |

# Der Hund knurrt, wenn Sie ihn pflegen

Ihr Hund empfindet es als unangenehm, an bestimmten Körperstellen berührt zu werden. Sie sollten nicht versuchen, ihn zu erziehen, während er Sie anknurrt.

## Sofortmaßnahmen

Unternehmen Sie vorerst keine Versuche mehr ihn zu pflegen. Suchen Sie einen Tierarzt auf. Er muss untersuchen, ob Ihr Hund Schmerzen hat und kann Sie auch gleichzeitig wegen des Verhaltens Ihres Hundes beraten.

## Training

Wenn es keine medizinischen Gründe für das Verhalten des Hundes gibt, kann der Hund langsam daran gewöhnt werden, sich von seinem Menschen berühren und pflegen zu lassen. Er soll lernen zu dulden, wenn seine Pfoten abgewischt werden, wenn er gebürstet wird oder wenn man ihm in die Ohren und in das Maul schaut. Das kann man nur in kleinen Schritten erreichen und jede geduldete Berührung muss immer mit einer positiven Erfahrung, also Lob und/oder Leckerchen, verknüpft werden.

Man geht dabei folgendermaßen vor: Der Hund wird erst an Stellen gestreichelt, wo man weiß, dass er keine Probleme macht. Dabei berührt man kurz und sanft einen Körperteil, an dem der Hund es nicht so gerne mag und belohnt ihn dafür sofort mit einem Leckerchen, wenn er nicht knurrt. Nach und nach verlängert man die Dauer der Berührung an der kritischen Stelle und belohnt und lobt den Hund sofort.

Man sollte nicht erwarten, dass der Hund sich schnell an Berührungen gewöhnt. Bei manchen Hunden kann es sogar Monate dauern, bis sie die unerwünschte Berührung akzeptieren. Am besten geht man sehr behutsam vor und lässt dem Hund ausreichend Zeit. Zum Üben sollte man eine ablenkungsfreie Umgebung und einen Zeitpunkt wählen, an dem der Hund entspannt ist, zum Beispiel nach einem ausgiebigen Spaziergang oder einem schönen Spiel.

Wenn man nach einigem Üben erreicht hat, dass der Hund sich gut anfassen lässt, kann man damit beginnen, den Hund daran zu gewöhnen, sich bürsten zu lassen. Auch hier empfiehlt sich wieder ein schrittweises Vorgehen.

Der nachfolgende Beispieltrainingsplan soll demonstrieren, wie ein Training für Hunde aussehen kann, die Berührungen nicht mögen. Man sollte allerdings immer darauf achten, dass der Hund niemanden verletzen kann. Machen Sie dieses Training mit einem Maulkorb. Neben der besseren Sicherheit, ist ein weiter Vorteil des Maulkorbs, dass man selbst sehr viel entspannter ist, weil man keine Angst haben muss, gebissen zu werden. Wenn man selbst ruhiger ist, überträgt sich das auch auf den Hund.

Wie man seinen Hund an einen Maulkorb gewöhnt, lernen Sie im Kapitel „An den Maulkorb gewöhnen“

# Beispieltrainingsplan für Hunde, die Berührungen nicht mögen

## Übung 1

| | |
|---|---|
| Was? | Hund rufen und Sitz machen lassen. Mit dem Hund kurz schmusen. Aufstehen und Abschlusskommando geben. |
| Wo? | Zuhause |
| Wie oft? | Zehnmal, verteilt über den Tag |
| Warum? | So stärken Sie das Vertrauen Ihres Hundes in Sie. |
| Was beachten? | Lieber kürzer schmusen, damit der Hund die Aktivität nicht vor Ihnen beendet. |

## Übung 2

| | |
|---|---|
| Was? | Hund rufen und Sitz machen lassen. Hund streicheln und dabei die Hand auf den Rücken des Hundes legen. Hand kurz dort liegen lassen. Leckerchen geben, wenn der Hund dabei ruhig bleibt. Abschlusskommando geben. |
| Wo? | Zuhause, ohne Ablenkung |
| Wie oft? | Zehnmal, verteilt über den Tag |
| Warum? | Das Auflegen Ihrer Hand auf den seinen Rücken ist für Ihren Hund schon etwas schwerer zu ertragen. |
| Was beachten? | Vorsicht beim Handauflegen. Falls Ihr Hund knurrt, Hand wieder wegnehmen. |

## Übung 3

| | |
|---|---|
| Was? | Hund rufen und Sitz machen lassen. Streicheln und dabei eine Pfote kurz und sanft berühren. Leckerchen geben, wenn er ruhig bleibt. Abschlusskommando geben. |
| Wo? | Zuhause, ohne Ablenkung |
| Wie oft? | Zehnmal, verteilt über den Tag |
| Warum? | Ihr Hund lernt, Berührungen an sensiblen Körperteilen zu dulden. |
| Was beachten? | Verlängern Sie nach und nach die Dauer der Berührung.<br>Vorsicht beim Pfote-Berühren. Falls Ihr Hund knurrt, die Pfote wieder loslassen. |

# Der Hund bedroht Besucher

Wenn Hunde auf Menschen aggressiv reagieren, ist das immer ein Grund zur Besorgnis. Viele Hundehalter versuchen das Verhalten Ihres Hundes zu rechtfertigen, indem Sie eine Erklärung dafür suchen. Aber bedenken Sie bitte, auch wenn sich das aggressive Verhalten des Hundes erklären lässt, ist es deswegen nicht akzeptabel oder richtig. Ein Hund darf sich Menschen gegenüber nicht bedrohlich oder einschüchternd verhalten.

Wenn Ihr Hund sich aggressiv gegenüber Besuchern verhält, sprich sie anknurrt oder anbellt, vielleicht sogar versucht zu beißen, dann ist dies eine sehr ernste Situation, für die es keine absolut sichere Lösung gibt.

Wenden Sie sich an einen tiertherapeutisch ausgebildeten Tierarzt. Wenn ein Hund sich aggressiv verhält, kann das viele Gründe haben und sollte von einer Fachperson beurteilt werden.

### Erklärung

Wenn Ihr Hund Besucher anknurrt, ist diese Situation für Ihren Besuch gefährlich, weil er gebissen werden könnte.

Erziehungsmaßnahmen sind in dieser Situation sinnlos oder sogar riskant.

Es kann sein, dass der Hund noch aggressiver wird, wenn mit ihm geschimpft oder er beruhigt wird.

## Sofortmaßnahmen

Vermeiden Sie von vornherein, dass Ihr Hund die Gelegenheit bekommt, Besucher an der Tür oder in Ihrer Wohnung zu bedrohen. Halten Sie ihn unter Kontrolle. Bringen Sie ihn in ein anderes Zimmer, wenn Besuch kommt und achten Sie darauf, dass der Hund sich die Zimmertür nicht von selber öffnen kann. Lassen Sie den Besuch niemals allein mit Ihrem Hund.

## Weitere Maßnahmen

Falls noch nicht geschehen, geben Sie Ihrem Hund eine klassische Grunderziehung. Im Kapitel „Die Grunderziehung" lernen Sie, wie das geht. Machen Sie täglich Gehorsamkeitsübungen mit Ihrem Hund. Das erhöht die Gehorsamkeit Ihres Hundes im Allgemeinen.

Gewöhnen Sie Ihren Hund an einen Maulkorb. Ihr Hund sollte diesen in Gegenwart von Besuch immer tragen. Wie Sie Ihren Hund an einen Maulkorb gewöhnen, lernen Sie im Kapitel „An den Maulkorb gewöhnen". Halten Sie sich bitte vor Augen, dass Ihr Hund keinen Schaden nimmt, wenn er einen Maulkorb trägt, aber es eine Katastrophe ist, wenn ein Mensch von einem Hund gebissen wird.

Gewöhnen Sie Ihren Hund durch ein Training daran, Fremde zu dulden.

Wichtiger Hinweis: Es kann, trotz eines erfolgreichen Trainings, jederzeit wieder vorkommen, dass Ihr Hund Besucher bedroht oder angreift.

## Training

Das aggressive Verhalten eines Hundes, der keine Besucher akzeptiert, kann oft dadurch verbessert werden, dass man ihm statt der bedrohlichen Verhaltensweise ein alternatives Verhalten beibringt. Man arbeitet dabei mit einer Trainingsmethode, die auf Belohnung basiert.

Sobald Besuch kommt, bekommt der Hund den Befehl, ein vorher bereits antrainiertes Verhalten zu zeigen. Macht er es richtig, wird er mit einem Leckerchen belohnt. Dadurch macht er die Erfahrung, dass Besuch ihm etwas Positives einbringt.

Das Training vollzieht sich in mehreren Schritten:

Als erstes bringt man dem Hund das Ersatzverhalten bei. In diesem Fall ist es „Sitz“. Der Hund soll diesen Befehl absolut zuverlässig ausführen lernen. Wichtig ist, dabei darauf zu achten, dass er sich während er „Sitz“ macht vollständig auf seinen Besitzer konzentriert, also ihn direkt ansieht.

Wenn der Hund den Befehl „Sitz“ beherrscht, kann man damit beginnen, unterschiedliche Besuchssituationen zu üben. Dazu braucht man verschiedene Helfer, die als Gäste dienen sollen. Mit zunehmendem Gehorsam des Hundes wird der Schwierigkeitsgrad der Besuchssituation gesteigert. Zu Anfang klingelt der Gast nur an der Tür, bleibt aber vor der geschlossenen Tür stehen. Im weiteren Trainingsverlauf wird die Tür dann geöffnet. Zu guter Letzt darf der Gast die Wohnung betreten.

Man sollte immer darauf achten, dass der Hund niemanden verletzen kann. Deswegen sollte er während des Trainings einen Maulkorb tragen und am besten auch angeleint sein!

Wir haben einen Beispieltrainingsplan entworfen, um zu demonstrieren, wie man einen Hund langsam an Besuch gewöhnen könnte. Die Übungen darin bauen aufeinander auf. Erst wenn der Hund eine Übung für einen Zeitraum von etwa 14 Tagen sicher beherrscht, kann man zur nächstfolgenden Übung übergehen. Klappt etwas nicht, schaltet man wieder eine Übung zurück.

Man stattet den Helfer mit einer ausreichenden Menge an Lieblingsleckerchen aus, damit er den Hund für das richtige Verhalten belohnen kann.

## Beispieltrainingsplan für Hunde, die Besucher nicht mögen

### Vorbereitung 1

| | |
|---|---|
| Was? | Bringen Sie Ihrem Hund den Befehl „Sitz" bei (siehe Kapitel "Die Grunderziehung"). |
| Wo? | Nach Anleitung |
| Wie oft? | Nach Anleitung |
| Warum? | „Sitz" wird als Alternativverhalten eingeführt. |
| Was beachten? | Bevor Sie mit dem Training beginnen, muss der Hund „Sitz" zuverlässig beherrschen. |

### Vorbereitung 2

| | |
|---|---|
| Was? | Bringen Sie Ihrem Hund den Befehl „Bleib" bei (siehe Kapitel "Die Grunderziehung"). |
| Wo? | Nach Anleitung |
| Wie oft? | Nach Anleitung |
| Warum? | „Bleib" wird gebraucht, damit Ihr Hund auf seinem Platz bleibt, wenn der Besuch da ist. |
| Was beachten? | Bevor Sie mit dem Training beginnen, muss der Hund „Bleib" zuverlässig beherrschen. |

### Übung 1

| | |
|---|---|
| Was? | Helfer klingelt an der Tür. Tür bleibt zu. Hund bekommt „Sitz"-Befehl. Wenn er ruhig sitzt und sich auf Sie konzentriert, loben und mit Leckerchen belohnen. |
| Wo? | Zuhause |
| Wie oft? | Eine Stunde lang, mit etwa 20 - 30 Scheinbesuchen. |

| | |
|---|---|
| Warum? | Ihr Hund lernt, dass das Klingeln an der Tür bedeutet, dass er etwas Gutes bekommt, wenn er gehorsam ist. |
| Was beachten? | Belohnen Sie nur, wenn Ihr Hund absolut ruhig bleibt und sich auf Sie konzentriert. |

## Übung 2

| | |
|---|---|
| Was? | Helfer klingelt an der Tür. Hund bekommt „Sitz"-Befehl. Wenn er ruhig sitzt und sich auf Sie konzentriert, loben und belohnen. Dann Tür öffnen. Wieder loben und belohnen, wenn der Hund ruhig bleibt. Dann wirft der Helfer dem Hund ein Leckerchen zu. |
| Wo? | Zuhause |
| Wie oft? | Eine Stunde lang, mit etwa 20 - 30 Scheinbesuchen. |
| Warum? | Ihr Hund lernt, dass das Klingeln an der Tür bedeutet, dass Gäste Leckerchen bringen. |
| Was beachten? | Belohnen Sie nur, wenn Ihr Hund absolut ruhig bleibt und sich auf Sie konzentriert. Auch der Helfer darf dem Hund nur dann ein Leckerchen geben, wenn der Hund sich ruhig verhält. |

## Übung 3

| | |
|---|---|
| Was? | Helfer klingelt an der Tür. Hund bekommt „Sitz"-Befehl. Wenn er ruhig sitzt und sich auf Sie konzentriert, loben und belohnen. Dann Tür öffnen. Wieder loben und belohnen, wenn der Hund ruhig bleibt. Dann wirft der Helfer dem Hund ein Leckerchen zu und macht einen Schritt in die Wohnung. Bleibt der Hund ruhig, loben und belohnen. |
| Wo? | Zuhause |

| | |
|---|---|
| Wie oft? | Eine Stunde lang, mit etwa 20 - 30 Scheinbesuchen. |
| Warum? | Ihr Hund lernt, dass Besuch in der Wohnung bedeutet, dass etwas Positives für ihn geschieht. |
| Was beachten? | Belohnen Sie nur, wenn Ihr Hund absolut ruhig bleibt und sich auf Sie konzentriert. Auch der Helfer darf dem Hund nur dann ein Leckerchen geben, wenn der Hund sich absolut ruhig verhält. |

## Übung 4

| | |
|---|---|
| Was? | Helfer klingelt an der Tür. Hund bekommt „Sitz"-Befehl. Wenn er ruhig sitzt und sich auf Sie konzentriert, loben und belohnen. Dann Tür öffnen. Wieder loben und belohnen, wenn der Hund ruhig bleibt. Dann wirft der Helfer dem Hund ein Leckerchen zu und geht mit Ihnen zusammen in das Wohnzimmer und nimmt Platz. |
| Wo? | Zuhause |
| Wie oft? | Etwa 20 Scheinbesuche verteilt über den Tag. |
| Warum? | Ihr Hund lernt, dass Besucher in der Wohnung bedeuten, dass er etwas Leckeres bekommt. |
| Was beachten? | Belohnen Sie nur, wenn Ihr Hund absolut ruhig bleibt und sich auf Sie konzentriert.<br>Der Helfer wirft dem Hund in Abständen immer wieder ein Leckerchen zu.<br>Er darf den Hund nicht berühren. |

## Übung 5

| | |
|---|---|
| Was? | Wenn der Helfer im Zimmer Platz genommen hat, schicken Sie den Hund auf seinen Ruheplatz. Dort soll er bleiben. Der Helfer wirft ihm in Intervallen Leckerchen zu. |
| Wo? | Zuhause |
| Wie oft? | Etwa 20 Scheinbesuche verteilt über den Tag. |

| | |
|---|---|
| Warum? | Ihr Hund lernt, sich zurückzuziehen, wenn Besuch da ist. |
| Was beachten? | Belohnen Sie nur richtiges Verhalten. Wenn der Hund aufsteht, bekommt er kein Leckerchen. |

# Aggressives Verhalten gegenüber anderen Hunden

Aggressionen gegenüber fremden Hunden kann Dominanz, Angst, Schutzverhalten oder Verteidigung des eigenen Territoriums oder seines Halters bedeuten.

Häufig beginnt die Karriere eines aggressiven Hundes schon als Welpe, weil er mangelhaft sozialisiert wurde. Wenn der Hund ins Flegelalter kommt, steigt besonders bei Rüden die Bereitschaft zu aggressivem Verhalten. Wenn ein Hund aus Kämpfen mit anderen Hunden siegreich hervorgeht, lernt er, dass er Konflikten nicht ausweichen muss. Dadurch sinkt seine Hemmschwelle, erneut zu kämpfen.

Viele Hundebesitzer fördern die Aggression ihres Hundes gegenüber anderen Hunden oft sogar noch unabsichtlich durch ihr eigenes Verhalten. Sie werden nervös und aufgeregt, fangen an zu schimpfen und zu schreien, was ihrem Hund wiederum den Eindruck vermittelt, der vermeintliche Gegner sei tatsächlich gefährlich, da der eigene Mensch ja offenbar in Kampfstimmung ist.

Oder sie versuchen ihren Hund durch Streicheln oder gutes Zureden zu beruhigen, was der Hund ebenfalls als Bestätigung für sein Verhalten nimmt.

Manche Hundebesitzer loben ihren Hund aber auch ganz absichtlich für sein aggressives Verhalten, weil sie es toll finden, wenn ihr Hund sich kämpferisch verhält.

Es ist auch möglich, dass eine Krankheit der Grund für das aggressive Verhalten des Hundes ist. Bevor Sie mit einem Training für Ihren Hund beginnen, sollten Sie ihn unbedingt von einem Tierarzt untersuchen lassen und diesem das Verhalten Ihres Hundes schildern.

## Was tun in Konfliktsituationen?

Problematische Situationen können jederzeit auftreten. Je besser man eine Situation einschätzen kann, desto eher lassen sich gefährliche Situationen meistern. Vorausschauendes Handeln ist eine Pflicht des Hundeführers um Schaden zu verhindern.

## Vermeiden des Konflikts

Hunde sind von Natur aus nicht darauf programmiert zu kämpfen. Das wäre kontraproduktiv für den Erhalt der Art. Stattdessen haben sie im Laufe der Evolution ein Verhaltensrepertoire entwickelt, das sie einsetzen, um Konflikte zu vermeiden. Als Hundehalter sollte man seinem Hund gegenüber immer aufmerksam sein, damit man dessen Signale rechtzeitig bemerkt. So demonstrieren Hunde manchmal Unterwerfung gegenüber einem fremden Hund, indem sie sich hinlegen. Hundehalter sollten in einer solchen Situation zügig weitergehen und ihren Hund erst aus der Ferne zu sich rufen.

Andere Hunde machen lieber einen großen Bogen um fremde Hunde und vermeiden Konfrontationen auf diese Weise. Wenn Ihr Hund Beschwichtigungsgesten zeigt (Blick abwenden, Rute nach unten, über die Schnauze lecken), sollten sie ihn nicht in die Konfliktsituation hineinführen, sondern mit ihm gemeinsam ausweichen.

## Es klingt oft schlimmer, als es ist

Meistens geht es ziemlich laut zu, wenn Hunde einen Imponierkampf ausfechten, aber in der Regel passiert dabei nichts. Diese Art des Kämpfens ist nicht darauf ausgerichtet, den Gegner zu verletzen, sondern ist ganz normal unter Hunden, die ihre Kräfte messen.

Man sollte sich allerdings nicht dabei einmischen und auf keinen Fall dazwischen gehen. Am besten gehen beide Hundehalter weiter ihrer Wege und rufen ihre Hunde erst aus der Entfernung zu sich.

## Wenn es ernst wird

Wenn die Hunde nicht mehr auf Rufe ihrer Halter reagieren und ernsthaft kämpfen, dann geht es meistens leise zu. Ernste Kämpfe sind sehr schnell wieder vorbei. Man sollte seinen Hund am besten zu sich rufen, bevor ein solcher Kampf entsteht. Dazu muss man seinen Hund immer gut im Auge behalten und sein Verhalten gut genug kennen, um im Vorfeld abschätzen zu können, wann es ernst wird.

## Hat der ernste Kampf erst einmal begonnen, kann man nicht mehr viel tun

Eine Methode, die man einsetzen kann, ist die Hunde dadurch zu erschrecken, dass man ihnen etwas auf die Köpfe wirft und sobald sie erschreckt innehalten, sie zu sich zu rufen und an die Leine zu nehmen. Wenn der Kampf jedoch richtig ernst ist, hilft aber auch das meistens nicht mehr.

Man sollte allerdings nicht dazwischen gehen, wenn Hunde kämpfen. Die Gefahr gebissen zu werden, ist dabei zu groß. Manchmal wird empfohlen, die Tiere an den Hinterbeinen auseinander zu ziehen. Das ist zu gefährlich. Manche Hunde beißen dann erst recht zu, weil sie den Halt verlieren oder sich zusätzlich attackiert fühlen. Es kann auch passieren, dass sich ihre Aggression gegen denjenigen richtet, der sie an den Beinen zieht und sie sich auf diese Person stürzen.

# Mein Rüde reagiert aggressiv auf andere Rüden

Rüden sind aufgrund ihres Hormonhaushalts eher bereit, sich mit anderen Rüden zu messen als weibliche Tiere. Kämpfe zwischen Rüden werden ausgetragen, um die Rangordnungsverhältnisse zu regeln und nur selten wird es wirklich ernst dabei. Meistens ist es so, dass einer der Hunde sich unterwirft und der andere als ranghöheres Tier aus der Auseinandersetzung hervorgeht. Bei dieser Art des Kampfes kommt es nur selten zu Verletzungen.

Menschen sollten sich nicht in diese Streitigkeiten einmischen. So sollten sie beispielsweise den unterlegenen Hund nicht trösten oder bemitleiden. Das stört die Stabilität der geschaffenen Beziehung zwischen den Hunden. Der Sieger versteht die Welt nicht mehr, wenn der schwächere quasi gelobt wird und sein eigenes erfolgreiches Verhalten ignoriert oder bestraft wird. Dadurch kann es beim nächsten Mal zu einem Kampf kommen, der wesentlich ernster ist als der vorherige.

### Wie kann man die Aggression in den Griff bekommen?

- Man sollte seinen Hund vom Tierarzt untersuchen und sich beraten lassen. In bis zu 60% aller Fälle ist eine Kastration hilfreich.

- Gehen Sie in eine Hundegruppe, die von einem erfahrenen Trainer geleitet wird, damit Ihr Hund andere Artgenossen kennen lernen und mit ihnen toben und spielen kann.

- Langsame Gewöhnung an andere Rüden.

# Training

Der Hund sollte zuerst an einen Maulkorb (siehe Kapitel „An den Maulkorb gewöhnen") gewöhnt werden. Den sollte er sicherheitshalber immer tragen, wenn man mit ihm unterwegs ist oder andere Hunde zugegen sind.

Danach bringt man dem Hund die Konzentrationsübung „Lektion 1: Auf den eigenen Namen hören" und den Befehl „Sitz" aus dem Kapitel „Die Grunderziehung" bei. Wenn der Hund diese beiden Übungen zuverlässig auch unter Ablenkung im Freien ausführt, kann man damit beginnen, ihn an andere Rüden zu gewöhnen.

Der nachfolgende Beispieltrainingsplan soll demonstrieren, wie ein Training für Hunde aussehen kann, die gegen Rüden aggressiv sind. Die Übungen bauen aufeinander auf. Übung 1a und Übung 1b sollten sich abwechseln. Erst wenn der Hund eine Übung über einen gewissen Zeitraum zuverlässig ausführt, sollte man den Schwierigkeitsgrad erhöhen. Wenn es Probleme dabei gibt, erhöht man den Abstand zu den anderen Hunden zunächst wieder und beginnt ab da erneut.

Da man bei herankommenden Hunden nicht immer weiß, ob es sich um eine Hündin oder einen Rüden handelt, macht man die Übungen einfach bei jedem Hund, der sich nähert. Schaden kann es jedenfalls nicht.

# Beispieltrainingsplan für Hunde, die gegen Rüden aggressiv sind

## Vorbereitung auf das Training

| | |
|---|---|
| Was? | Bringen Sie Ihrem Hund bei, sich auf Sie zu konzentrieren. Üben Sie dazu die Konzentrationsübung „Lektion 1: Auf den eigenen Namen hören" mit ihm (Kapitel „Grunderziehung"). |
| Was beachten? | Gehen Sie nach der Übungsanleitung im Kapitel „Grunderziehung" und dem dazugehörigen Trainingsplan vor. |

## Vorbereitung auf das Training

| | |
|---|---|
| Was? | Bringen Sie Ihrem Hund bei, sich auf Befehl hinzusetzen. Üben Sie dazu den Befehl „Sitz" mit ihm (Kapitel „Grunderziehung"). |
| Was beachten? | Gehen Sie nach der Übungsanleitung im Kapitel „Grunderziehung" und dem dazugehörigen Trainingsplan vor. |

## Übung 1a

| | |
|---|---|
| Was? | Gehen Sie mit Ihrem Hund an einen gut überschaubaren Ort, wo andere Hunde sind. Halten Sie soviel Abstand von den fremden Hunden, dass Ihr Hund zwar leicht unruhig wird, sich aber noch auf Ihre Befehle konzentrieren kann. Lassen Sie ihn „Sitz" machen. Fordern Sie nun Blickkontakt von Ihrem Hund. Loben und belohnen Sie ihn, wenn er ruhig bleibt. |

| | |
|---|---|
| Wo? | Im Freien |
| Wie oft? | Bei jedem Gassigehen, mindestens zwanzig- bis dreißigmal pro Spaziergang. |
| Warum? | So gewöhnen Sie Ihren Hund langsam daran, beim Anblick von Artgenossen ruhig zu bleiben.<br>Maulkorb und Leine benutzen. |
| Was beachten? | Ruhe bewahren.<br>Übung immer mit dem Abschlusskommando beenden.<br>Wenn Ihr Hund aggressiv wird: wortlos mit ihm weggehen.<br>Wenn es gut klappt: Abstand beim nächsten Mal ein wenig verringern. |

## Übung 1b

| | |
|---|---|
| Was? | Gehen Sie mit Ihrem Hund an einen gut überschaubaren Ort, wo andere Hunde sind. Halten Sie soviel Abstand von den fremden Hunden, dass Ihr Hund zwar leicht unruhig wird, aber sich noch auf Ihre Befehle konzentrieren kann. Lassen Sie ihn „Sitz" machen. Fordern Sie nun Blickkontakt von Ihrem Hund. Loben und belohnen Sie ihn in 3 - 5 Sekunden Intervallen, wenn er ruhig bleibt. |
| Wo? | Im Freien |
| Wie oft? | Bei jedem Gassigehen, mindestens zwanzig- bis dreißigmal pro Spaziergang. |
| Warum? | So gewöhnen Sie Ihren Hund langsam daran, dass er sich für längere Zeit auf Sie konzentriert, auch wenn andere Hunde in der Nähe sind.<br>Maulkorb und Leine benutzen. |

| | |
|---|---|
| Was beachten? | Ruhe bewahren.<br>Wenn Ihr Hund aggressiv wird: wortlos mit ihm weggehen.<br>Wenn alles gut klappt: Die Dauer des Blickkontakts nach und nach verlängern.<br>Übung immer mit dem Abschlusskommando beenden. |

## Übung 2

| | |
|---|---|
| Was? | Gehen Sie auf Wegen oder an Plätzen spazieren, wo Sie auf andere Hunde treffen, Sie aber noch ausreichend Abstand zu den anderen Hunden halten können. Lassen Sie Ihren Hund „Sitz" machen, wenn ein anderer Hund mit seinem Halter vorbeigeht und lassen Sie diesen passieren. Ihr Hund soll sich nur auf Sie konzentrieren. Loben und belohnen Sie Ihren Hund, wenn er ruhig bleibt und den Blickkontakt hält. |
| Wo? | Im Freien |
| Wie oft? | Bei jedem Gassigehen, immer wenn ein anderer Hund vorbei geht. |
| Warum? | So gewöhnen Sie Ihren Hund langsam daran, andere Hunde passieren zu lassen. |
| Was beachten? | Maulkorb und Leine benutzen.<br>Ruhe bewahren.<br>Wenn Ihr Hund aggressiv wird:<br>- selbst ruhig bleiben<br>- wortlos zügig in entgegengesetzter Richtung des fremden Hundes weitergehen.<br>Übung immer mit dem Abschlusskommando beenden. |

## Übung 3

| | |
|---|---|
| Was? | Gehen Sie auf Wegen oder an Plätzen spazieren, wo Sie auf andere Hunde treffen, Sie aber noch ausreichend Abstand zu den anderen Hunden halten können. Wenn sich ein anderer Hund nähert, gehen Sie so, dass Sie zwischen Ihrem Hund und dem anderen laufen. Fordern Sie Blickkontakt von Ihrem Hund und gehen Sie gemeinsam mit ihm zügig an dem anderen Hund vorbei. Loben und belohnen Sie Ihren Hund, wenn er ruhig bleibt und den Blickkontakt zu Ihnen hält. |
| Wo? | Im Freien |
| Wie oft? | Bei jedem Gassigehen,<br>immer wenn ein anderer Hund vorbei geht. |
| Warum? | So gewöhnen Sie Ihren Hund daran, selbst entspannt an anderen Hunden vorbeizugehen. |
| Was beachten? | Maulkorb und Leine benutzen.<br>Ruhe bewahren.<br>Wenn Ihr Hund aggressiv wird:<br>- selbst ruhig bleiben<br>- wortlos zügig in entgegengesetzter Richtung des fremden Hundes weitergehen. |

# Meine Hündin reagiert aggressiv auf andere Hündinnen

Hündinnen, die in Gegenwart von anderen Hündinnen aggressiv reagieren, sind nur schwer oder überhaupt nicht in ihrem Verhalten beeinflussbar. Auf Spaziergängen muss das Tier immer an der Leine geführt werden, außerdem ist das Tragen eines Maulkorbs (siehe Kapitel „An den Maulkorb gewöhnen“) empfehlenswert, wenn die Gefahr besteht oder es bereits vorgekommen ist, dass sie andere Weibchen beißt.

Die Hündin sollte auf jeden Fall einem Tierarzt vorgestellt werden, der sie gründlich untersucht, um auszuschließen, dass sie an einer Krankheit leidet. Eine Kastration bei Hündinnen führt nicht zu einer Verringerung der Aggressivität. Meistens verschlimmern sich die Probleme danach sogar noch.

# Mein Hund reagiert auf bestimmte Hunde aggressiv

Hat man einen Hund, der sich aggressiv verhält, sollte man als Erstes verhindern, dass er andere verletzen kann. Falls Ihr Hund bereits andere Hunde gebissen hat oder Sie befürchten, dass er es tun könnte, sollte er vorsichtshalber einen Maulkorb tragen, wenn Sie mit ihm Gassi gehen. Außerdem sollten Sie Ihren Hund immer an der Leine halten.

## Warum verhalten sich manche Hunde aggressiv gegen bestimmte Hunde, egal ob Männchen oder Weibchen?

Hunde, deren Aggression sich gegen alle Artgenossen oder nur gegen bestimmte Erscheinungstypen ihrer Art richtet, sind sehr oft mangelhaft sozialisiert worden. Deswegen verfügen sie nicht über das normale Verhaltensrepertoire eines gesunden Hundes. Ein traumatisches Erlebnis ist selten der Grund für ihr Verhalten. Diese Hunde führen meistens keine Scheinkämpfe, bei denen es darum geht, den Stärkeren zu ermitteln und der Schwächere sich unterordnet. Sie gehen stufenlos zum Ernstkampf über. Sie haben nicht gelernt, sich zu unterwerfen und werden bei Raufereien auch verletzt.

## Wie kann man diese Form der Aggression in den Griff bekommen?

Der Ansatzpunkt ist die langsame Gewöhnung an andere Hunde. Der Hund hat sich angewöhnt, in Anwesenheit von anderen Hunden aggressiv zu werden. Durch ein Training versucht man, ihn dazu zu bringen, in Gegenwart von Artgenossen ein alternatives Verhalten zu zeigen. Er soll lernen, im Beisein von anderen Hunden ruhig zu bleiben und sich auf seinen Besitzer zu konzentrieren.

Um das zu erreichen, bringt man ihn in die Nähe von anderen Hunden, aber nur so nah, dass der eigene Hund gerade noch ruhig bleibt und die Kommandos seines Halters befolgen kann. In dieser Situation verlangt man das Alternativverhalten („Sitz“ und „Auf den Halter konzentrieren“). Schafft der Hund das, wird er mit Leckerchen belohnt und gelobt.

Gelingt die Übung über einen Zeitraum von ungefähr 14 Tagen zuverlässig, kann man den Abstand zu den anderen Hunden etwas reduzieren. Der Abstand sollte immer so gewählt werden, dass der eigene Hund immer noch gerade so entspannt ist, dass er Kommandos befolgen kann und nicht aggressiv reagiert.

# Training

Der Hund sollte zuerst an einen Maulkorb (siehe Kapitel „An den Maulkorb gewöhnen“) gewöhnt werden. Den sollte er sicherheitshalber tragen, wenn man mit ihm unterwegs ist oder andere Hunde zugegen sind und man befürchtet, dass der eigene Hund beißen könnte.

Danach bringt man dem Hund die Konzentrationsübung „Lektion 1: Auf den eigenen Namen hören“ und den Befehl „Sitz“ aus dem Kapitel „Grunderziehung“ bei. Wenn der Hund diese beiden Übungen zuverlässig auch unter Ablenkung im Freien ausführt, kann man damit beginnen, ihn an andere Hunde zu gewöhnen.

Der nachfolgenden Beispieltrainingsplan soll demonstrieren, wie ein Training für Hunde aussehen kann, die gegen Artgenossen aggressiv sind. Die Übungen bauen aufeinander auf. Übung 1a und Übung 1b sollten sich abwechseln. Erst wenn der Hund eine Übung über einen gewissen Zeitraum zuverlässig ausführt, sollte man den Schwierigkeitsgrad erhöhen. Wenn es Probleme dabei gibt, erhöht man den Abstand zu den anderen Hunden zunächst wieder und beginnt ab da erneut.

# Beispieltrainingsplan für Hunde, die gegen bestimmte Artgenossen aggressiv sind

## Vorbereitung auf das Training

| | |
|---|---|
| Was? | Bringen Sie Ihrem Hund bei, sich auf Sie zu konzentrieren. Üben Sie dazu die Konzentrationsübung „Lektion 1: Auf den eigenen Namen hören" mit ihm (Kapitel „Grunderziehung"). |
| Was beachten? | Gehen Sie nach der Übungsanleitung im Kapitel „Grunderziehung" und dem dazugehörigen Trainingsplan vor. |

## Vorbereitung auf das Training

| | |
|---|---|
| Was? | Bringen Sie Ihrem Hund bei, sich auf Befehl hinzusetzen. Üben Sie dazu den Befehl „Sitz" mit ihm (Kapitel „Grunderziehung"). |
| Was beachten? | Gehen Sie nach der Übungsanleitung im Kapitel „Grunderziehung" und dem dazugehörigen Trainingsplan vor. |

## Übung 1a

| | |
|---|---|
| Was? | Gehen Sie mit Ihrem Hund an einen gut überschaubaren Ort, wo andere Hunde sind. Halten Sie soviel Abstand von den fremden Hunden, dass Ihr Hund zwar leicht unruhig wird, sich aber noch auf Ihre Befehle konzentrieren kann. Lassen Sie ihn „Sitz" machen. Fordern Sie nun Blickkontakt von Ihrem Hund. Loben und belohnen Sie ihn, wenn er ruhig bleibt. |

| | |
|---|---|
| Wo? | Im Freien |
| Wie oft? | Bei jedem Gassigehen, mindestens zwanzig- bis dreißigmal pro Spaziergang |
| Warum? | So gewöhnen Sie Ihren Hund langsam daran, beim Anblick von Artgenossen ruhig zu bleiben.<br>Maulkorb und Leine benutzen. |
| Was beachten? | Ruhe bewahren.<br>Übung immer mit dem Abschlusskommando beenden.<br>Wenn Ihr Hund aggressiv wird: wortlos mit ihm weggehen.<br>Wenn es gut klappt: Abstand beim nächsten Mal ein wenig verringern. |

## Übung 1b

| | |
|---|---|
| Was? | Gehen Sie mit Ihrem Hund an einen gut überschaubaren Ort, wo andere Hunde sind. Halten Sie soviel Abstand von den fremden Hunden, dass Ihr Hund zwar leicht unruhig wird, aber sich noch auf Ihre Befehle konzentrieren kann. Lassen Sie ihn „Sitz" machen. Fordern Sie nun Blickkontakt von Ihrem Hund. Loben und belohnen Sie ihn in 3 - 5 Sekunden Intervallen, wenn er ruhig bleibt. |
| Wo? | Im Freien |
| Wie oft? | Bei jedem Gassigehen, mindestens zwanzig- bis dreißigmal pro Spaziergang |
| Warum? | So gewöhnen Sie Ihren Hund langsam daran, dass er sich für längere Zeit auf Sie konzentriert, auch wenn andere Hunde in der Nähe sind.<br>Maulkorb und Leine benutzen. |

| | |
|---|---|
| Was beachten? | Ruhe bewahren.<br>Wenn Ihr Hund aggressiv wird: wortlos mit ihm weggehen.<br>Wenn alles gut klappt: Die Dauer des Blickkontakts nach und nach verlängern.<br>Übung immer mit dem Abschlusskommando beenden. |

## Übung 2

| | |
|---|---|
| Was? | Gehen Sie auf Wegen oder an Plätzen spazieren, wo Sie auf andere Hunde treffen, Sie aber noch ausreichend Abstand zu den anderen Hunden halten können. Lassen Sie Ihren Hund „Sitz“ machen, wenn ein anderer Hund mit seinem Halter vorbeigeht und lassen Sie diesen passieren. Ihr Hund soll sich nur auf Sie konzentrieren. Loben und belohnen Sie Ihren Hund, wenn er ruhig bleibt und den Blickkontakt hält. |
| Wo? | Im Freien |
| Wie oft? | Bei jedem Gassigehen, immer wenn ein anderer Hund vorbei geht. |
| Warum? | So gewöhnen Sie Ihren Hund langsam daran, andere Hunde passieren zu lassen. |
| Was beachten? | Maulkorb und Leine benutzen.<br>Ruhe bewahren.<br>Wenn Ihr Hund aggressiv wird:<br>- selbst ruhig bleiben<br>- wortlos zügig in entgegengesetzter Richtung des fremden Hundes weitergehen.<br>Übung immer mit dem Abschlusskommando beenden. |

## Übung 3

| | |
|---|---|
| Was? | Gehen Sie auf Wegen oder an Plätzen spazieren, wo Sie auf andere Hunde treffen, Sie aber noch ausreichend Abstand zu den anderen Hunden halten können. Wenn sich ein anderer Hund nähert, gehen Sie so, dass Sie zwischen Ihrem und dem anderen Hund laufen. Fordern Sie Blickkontakt von Ihrem Hund und gehen Sie gemeinsam mit ihm zügig an dem anderen Hund vorbei. Loben und belohnen Sie Ihren Hund, wenn er ruhig bleibt und den Blickkontakt zu Ihnen hält. |
| Wo? | Im Freien |
| Wie oft? | Bei jedem Gassigehen,<br>immer wenn ein anderer Hund vorbei geht. |
| Warum? | So gewöhnen Sie Ihren Hund daran, selbst entspannt an anderen Hunden vorbeizugehen. |
| Was beachten? | Maulkorb und Leine benutzen.<br>Ruhe bewahren.<br>Wenn Ihr Hund aggressiv wird:<br>- selbst ruhig bleiben<br>- wortlos zügig in entgegengesetzter Richtung des fremden Hundes weitergehen. |

# Leinenaggression

Die meisten Hundehalter sind völlig entsetzt und erschrocken, wenn Sie mit ihrem angeleinten Hund spazieren gehen und dieser beim Anblick eines anderen Hundes aggressiv reagiert. Sie können überhaupt nicht verstehen, warum ihr Hund den Artgenossen anknurrt oder anbellt, wie verrückt an der Leine zerrt oder sich am liebsten auf den anderen Hund stürzen würde.

Kommt dies häufiger vor, beginnen sie sich zu fragen, wodurch das Verhalten ihres Hundes begründet sein könnte. Oft wird dann die Schuld beim anderen Hund gesucht. Es wird vermutet, dass der Andere provoziert haben könnte. Schließlich ist der eigene Hund ja ansonsten ein braver und lieber Kerl, bei dem man ein derartiges Verhalten gar nicht erwarten würde.

Wenn die Aggressivität des eigenen Hundes gegen seine Artgenossen jedoch mit der Zeit zunimmt, beginnt oft ein Teufelskreis. Um sich weitere unangenehme Erlebnisse zu ersparen, vermeiden die meisten Hundehalter Konfrontationen mit anderen Hunden. Es beginnt damit, dass sie anderen Hunden ausweichen und zum Beispiel nur noch zu Zeiten spazieren gehen, wo wenig andere Hunde unterwegs sind. Oder die Spaziergänge werden komplett gestrichen und der Hund darf nur noch in den eigenen Garten.

Kurz gesagt, viele Hundehalter, die einen Hund mit Leinenaggression haben, stellen ihre Lebensgewohnheiten komplett um, denn die Spaziergänge mit dem Hund machen keine Freude mehr, sondern haben sich zu einer Belastung entwickelt. Weil sie auf jedem Spaziergang Gefahr laufen, auf andere Hunde zu treffen, sind sie permanent angespannt und nervös, denn sie befürchten, dass es wieder zu einer unangenehmen Konfrontation kommen könnte. Manchmal gibt es auch Beschwerden seitens der Nachbarn oder anderer Hundebesitzer, so dass die Haltung des Hundes zu einer Last wird.

Aber nicht nur weil das eigene Leben durch das Verhalten des Hundes stark eingeschränkt wird, sollte man in einem solchen Fall etwas unternehmen, auch der Hund leidet unter der Situation.

Durch die selbst auferlegten Beschränkungen seines Halters, leidet er an Bewegungsmangel. Er hat nicht gelernt, normale Beziehungen zu seinen Artgenossen aufzubauen, wodurch ihm die sozialen Kontakte zu ihnen fehlen. Außerdem gerät er in enormen Stress, wenn er andere Hunde trifft.

# Was ist eigentlich Leinenaggression?

Leinenaggression ist ein Verhalten, das manche Hunde an den Tag legen, wenn sie angeleint sind und einen Artgenossen erblicken beziehungsweise sich ihnen ein Artgenosse nähert. Bei dem Versuch, an dem anderen Hund vorbei zu gehen, beginnt der eigene Hund an der Leine zu zerren, zu knurren und zu bellen. Manchmal geht das Verhalten soweit, dass der eigene Hund den anderen Hund beißen möchte. Es kommt durchaus vor, dass derselbe Hund sich völlig unproblematisch verhält, wenn er nicht angeleint ist. Das sollte den Halter allerdings nicht dazu verleiten, seinen leinenaggressiven Hund nur noch abgeleint spazieren zu führen.

Leinenaggression ist ein eindeutig aggressives Verhalten, das mit der Zeit schlimmer wird, wenn man nichts dagegen tut. Dadurch nämlich, dass die anderen Hundehalter mit ihren Hunden in der Regel zügig weitergehen, um aus der Reichweite des aggressiven Hundes zu kommen, erscheint es dem Hund mit Leinenaggression, als hätte er den jeweils anderen Hund durch sein aggressives Verhalten vertrieben. Geschieht dies regelmäßig, lernt der leinenaggressive Hund, dass er mit seinem Verhalten Erfolg hat. Leinenaggression ist ein sogenanntes selbstbelohnendes Verhalten, das aus diesem Grund auch nicht von allein aufhört. Man sollte am besten frühzeitig etwas dagegen unternehmen, damit sich die Leinenaggression nicht festsetzt. Sie ist dann sehr viel schwerer zu behandeln.

# Wie entsteht Leinenaggression?

Die gute Nachricht zuerst: Die Leinenaggression scheint keine rassespezifische Eigenschaft zu sein, denn sie kann alle Hunde befallen.

Der Hauptgrund, warum manche Hunde eine Leinenaggression entwickeln, ist in der Regel **Angst oder Unsicherheit**. Viele Hundehalter mögen kaum glauben, dass Angst die Ursache für das Verhalten ihres Hundes sein soll, wenn sie ihren Hund in Aktion sehen. Aber man muss wissen, dass manche Hunde aggressiv reagieren, wenn sie sich in einer Situation befinden, in der sie sich eingeengt fühlen und nicht ausweichen können. Diese Hunde haben gelernt, dass sie sich aus der Situation erlösen können, wenn sie sich aggressiv verhalten.

**Mangelnde Sozialisierung** als Welpe führt häufig dazu, dass erwachsene Hunde kein normales Sozialverhalten mit ihren Artgenossen entwickeln können und manchmal sogar ängstlich auf sie reagieren. Auch ein **traumatisches Erlebnis** kann der Auslöser dafür sein, dass ein Hund ängstlich auf andere Hunde reagiert. Vielleicht wurde der Hund einmal von einem anderen Hund attackiert und hat seitdem Angst vor Artgenossen.

In sehr vielen Fällen ist die Leinenaggression auch auf das **falsche Verhalten des Hundehalters** zurückzuführen. Hunde haben ihre eigene Weise, miteinander zu kommunizieren. Körperhaltung und Mimik funktionieren anders als bei uns Menschen und oft missverstehen wir unsere Hunde deswegen. Zwei Hunde, die sich unterwegs begegnen, haben normalerweise kein Problem mit der Kommunikation und geben sich gegenseitig klare Signale. Leider aber kommt es allzu oft vor, dass ihre Halter mit dieser Situation nicht gleichermaßen gut umgehen können. Sie führen ihre Hunde direkt in kritische Situationen hinein, ohne zu erkennen, dass ihr Hund dem Anderen vielleicht lieber ausweichen würde. Die Hunde geraten dadurch in einen enormen Stress. Sie empfinden ihre Lage als bedrohlich. Sie können nicht ausweichen und sehen ihre einzige Rettung in der Flucht nach vorn.

Zusätzlich fördern viele Hundehalter unbewusst die Leinenaggression ihres Hundes noch durch ihr eigenes Verhalten. Wenn ihr Hund aggressiv gegen einen Artgenossen wird, versuchen sie ihn durch Streicheln zu beruhigen oder fangen an, mit ihm zu schimpfen. Ersteres bestärkt den Hund in seinem Verhalten, weil er die Beruhigungsversuche als Belohnung versteht und nun glaubt, alles richtig zu machen. Aber auch das Schimpfen erhöht die Aggression des Hundes, weil er glaubt, sein Halter wäre ebenfalls aufgeregt und würde ihn bei der Abwehr des vermeintlichen Feindes unterstützen. Auf diese Weise entsteht ein Teufelskreis, der erst durch eine Änderung im Verhalten des Hundes, aber auch des Hundehalters, unterbrochen werden kann.

# Was kann man gegen die Leinenaggression tun?

Vielleicht hat Ihr Hund seine Karriere als leinenaggressiver Hund gerade erst begonnen oder Sie haben schon seit längerem mit diesem Problem zu tun. So oder so, die Leinenaggression ist ein erlerntes Verhalten. Ihr Hund hat es wahrscheinlich einmal gezeigt und wegen des vermeintlichen Erfolgs, den er damit erzielt hat, gleich beibehalten und vielleicht sogar noch intensiviert. Um die Leinenaggression zu stoppen, muss man dem Hund beibringen, das aggressive Verhalten durch ein anderes Verhalten zu ersetzen.

## Ersatzverhalten einüben

Damit Ihr Hund eine Alternative zum aggressiven Verhalten hat, bringt man ihm ein Ersatzverhalten bei, das er in der kritischen Situation zeigen soll.

Für leinenaggressive Hunde hat sich ein Ersatzverhalten bewährt, bei dem sich der Hund auf seinen Halter konzentriert. Immer wenn ein anderer Hund sich nähert, soll Ihr Hund Sie anschauen und erst wieder wegschauen dürfen, wenn er von Ihnen die Erlaubnis dazu erhält. Das erreicht man, indem man dem Hund beibringt, seinen Halter auf Zuruf über einen gewissen Zeitraum hinweg direkt anzusehen.

Im Kapitel „Die Grunderziehung" wird beschrieben, wie man einem Hund beibringt, sich auf seinen Halter zu konzentrieren und ihn anzuschauen. Die Übung nennt sich „Lektion 1: Auf den eigenen Namen hören". Es gehört auch ein Trainingsplan dazu.

Diese Übung soll der Hund beherrschen, bevor Sie damit beginnen, ihm seine Artgenossen angenehm zu machen.

## Artgenossen angenehm machen

Wenn der Hund das Ersatzverhalten beherrscht, muss man ihn lehren, dass seine Artgenossen für ihn keine Bedrohung sind. Während andere Hunde bisher Angst und Stress bei ihm ausgelöst haben, soll er nun lernen, dass sie ihm Freude und Wohlbehagen bringen. Wohlbehagen entsteht durch Futter, Belohnung oder Spiel oder einer Kombination davon.

Um einen leinenaggressiven Hund „umzupolen", muss man ganz langsam vorgehen. Man beginnt damit, ihn in die Nähe von anderen Hunden zu bringen. Aber gerade nur so nahe, dass er zwar ein leichtes Unbehagen zeigt, sich aber noch auf seinen Halter konzentrieren kann. Hierbei gilt es darauf zu achten, dass der eigene Hund die anderen Hunde wahrnimmt, aber durch ihre Gegenwart nicht so stark abgelenkt wird, dass er Befehlen nicht mehr folgen kann.

### Die richtige Entfernung ist wichtig

Man sollte seinen Hund gut beobachten, damit man den richtigen Abstand zu den anderen Hunden findet. Ist die Entfernung nämlich zu groß, bringt das Training keinen Erfolg, weil die Übung zu einfach für den Hund ist. Er empfindet dann nicht die nötige Aufregung, die man ja umkonditionieren möchte.

Ist der Abstand zu gering, ist der Stresslevel zu hoch und die Übung zu schwierig für den Hund. Er reagiert dann wie gewohnt aggressiv auf die anderen Hunde und ist unfähig, sich auf die Kommandos des Halters zu konzentrieren. Dadurch wird der gewünschte Lerneffekt verhindert.

Es erfordert also ein kleines bisschen Fingerspitzengefühl, um herauszufinden, welche Distanz man wählen soll. Im Zweifel entscheiden Sie sich lieber für einen etwas zu großen als zu kleinen Abstand. Hat man die richtige Entfernung ermittelt, kann man mit der eigentlichen Übung beginnen.

### Ersatzverhalten fordern

Man verlangt nun von seinem Hund das zuvor eingeübte Ersatzverhalten, das er in Zukunft immer in Gegenwart von Artgenossen zeigen soll.

Dabei sollte man darauf achten, dass er die anderen Hunde auf jeden Fall bemerkt hat, bevor man ihm den Befehl gibt, seinen Halter anzuschauen. Dieser Punkt ist ganz entscheidend für den Erfolg der Übungen. Nur wenn Ihr Hund sich der Gegenwart der anderen Hunde bewusst ist, kann er lernen, sein bisheriges aggressives Verhalten ihnen gegenüber aufzugeben und stattdessen das gewünschte Ersatzverhalten, also „Herrchen" beziehungsweise „Frauchen" anschauen, zu zeigen.

Hätte er die anderen Hunde nicht bemerkt, wenn Sie ihn dazu auffordern, Sie anzusehen, würde er die Übung zwar ausführen und dafür von Ihnen belohnt werden. Aber in der Handlungskette würde ein wichtiges Glied fehlen. Ihr Hund würde das Auf-den-Halter-Konzentrieren nicht mit der Gegenwart anderer Hunde verknüpfen. Die Übung wäre dann gescheitert. Das Ziel der Übung ist es aber, dass die Gegenwart anderer Hunde zukünftig der Auslöser für ihn sein soll, sich auf seinen Halter zu konzentrieren.

### Belohnen

Wenn es Ihrem Hund gelingt, Sie in Gegenwart anderer Hunde anzusehen, wird er natürlich belohnt und gelobt. Wir empfehlen, dabei mit Leckerchen zu arbeiten, die Ihr Hund sehr gerne mag und auch nicht sparsam damit umzugehen. Leckerbissen wie Käse- oder Hähnchenstückchen sind bei Hunden sehr beliebt.

Beim Belohnen sollten Sie darauf achten, Ihrem Hund das Leckerchen nicht vorher zu zeigen. Sie wollen ihn ja für sein richtiges Verhalten belohnen und ihn nicht mit einem Leckerchen zu einem bestimmten Verhalten verleiten.

Geben Sie keinesfalls ein Leckerchen, wenn Ihr Hund sich aggressiv verhält. Sie würden dann das falsche Verhalten belohnen. Nur wenn er das gewünschte Verhalten zeigt, darf er belohnt werden.

Wenn Ihr Hund sich richtig verhält, muss er die Belohnung sofort bekommen. Sie dürfen nicht zu lange zögern oder erst in der Tasche suchen, bis Sie ihm das Häppchen geben. Forscher haben ermittelt, dass eine Belohnung innerhalb von maximal einer Sekunde ideal ist.

Sollte Ihr Hund Sie beim Anblick anderer Hunde einmal von alleine ansehen, ohne dass Sie ihn dazu aufgefordert haben, können Sie beide sehr stolz auf sich sein. Sie sind auf dem richtigen Weg. Ihr Hund wird dafür natürlich ganz besonders gelobt und belohnt. Aber auch Sie selber dürfen sich jetzt ruhig einmal auf die Schulter klopfen für Ihre hervorragende Leistung.

### Distanz verringern

Wenn Sie bemerken, dass das Training bei einer bestimmten Distanz gut läuft, können Sie damit beginnen, die Entfernung zu den fremden Hunden langsam zu reduzieren.

Gehen Sie wieder genauso vor wie zu Anfang. Ermitteln Sie erneut den Abstand, bei dem Ihr Hund leicht unruhig wird, sich aber noch auf Ihre Befehle konzentrieren kann. Haben Sie die richtige Distanz gefunden, fordern Sie seine Konzentration. Macht Ihr Hund alles richtig, wird er belohnt.

### Häufige Wiederholungen

Der Erfolg des Trainings hängt natürlich auch davon ab, wie oft man übt. Hunde lernen am besten durch ein regelmäßiges Training und häufige Wiederholungen. Sie sollten täglich mit Ihrem Hund üben. Halten Sie die Trainingseinheiten lieber kurz und üben Sie dafür mehrmals am Tag. Fünf Minuten pro Trainingseinheit sind meistens genug.

Wenn Sie die Trainingseinheiten zu lang gestalten, kann das Ihren Hund überfordern. Es könnte sein, dass er müde wird und sich nicht mehr konzentrieren kann. Dadurch gerät er in Stress, was den Lernerfolg verhindern kann.

### Übungen immer positiv beenden

Nicht alle Tage sind gleich. Manchmal ist man nicht so gut in Form oder der Hund reagiert nicht so, wie man es sich erhofft. Wenn es einmal nicht so gut läuft mit dem Üben, sollten Sie dennoch versuchen, einen positiven Abschluss zu finden.

Manchmal hilft es, die Distanz zu dem fremden Hund zu erhöhen und dann erst die Konzentration des eigenen Hundes zu fordern. Sobald er Sie anschaut, belohnen Sie ihn und geben seinen Blick sofort frei. Dann sollten Sie die Übung für dieses Mal beenden und den Ort des Geschehens verlassen.

## Vorausschauend handeln

Während der Trainingsphase sollten Sie möglichst vermeiden, dass Ihr Hund in sein altes Verhaltensmuster zurückfällt. Um das zu erreichen, muss man versuchen, unkontrollierte Konfrontationen mit anderen Hunden zu verhindern.

### Die richtige Trainingsumgebung wählen

Wenn Sie mit Ihrem Hund unterwegs sind, sollten Sie ein übersichtliches Gelände dafür auswählen. Die Gefahr, dort plötzlich von einen fremden Hund überrascht zu werden, ist wesentlich geringer als in einem verwinkelten Park, wo hinter jeder Wegbiegung ein Artgenosse auftauchen kann.

In einem freien Gelände haben Sie zudem eine bessere Kontrolle darüber, wie nah Sie einem fremden Hund kommen möchten, weil es Ihnen einen offenen Rundumblick gestattet.

## Wenn es zu einer Konfrontation kommt

Folgende Regeln sollten Sie im Falle einer Konfrontation beherzigen:

### Ruhe bewahren

Selbst wenn es noch so schwer fällt, bleiben Sie ruhig, wenn Sie mit Ihrem Hund einem anderen Hund begegnen. Auch wenn Ihr Hund beim Anblick des Anderen völlig aus dem Häuschen gerät, versuchen Sie trotzdem die Ruhe zu bewahren. In dem Moment, wo Ihr Hund bereits aggressiv reagiert, bringen Erziehungsmaßnahmen absolut gar nichts. Ebenso sinnlos ist es, ihn in dieser Situation dazu aufzufordern, Sie anzuschauen. Am besten ist es, den Ort des Geschehens so ruhig wie möglich zu verlassen. Schauen Sie Ihren Hund dabei nicht an und reden Sie nicht mit ihm. Gehen Sie wortlos und zügig mit ihm aus der Situation heraus. Sobald er außer Reichweite des anderen Hundes ist, können Sie ihn dazu auffordern Sie anzusehen. Schafft er das, loben und belohnen Sie ihn.

### Nicht schimpfen, schreien oder bestrafen

Es ist die falsch Reaktion, zu schimpfen, zu schreien oder Ihren Hund zu bestrafen, wenn er beim Anblick von Artgenossen aggressiv reagiert. Er kann ja nicht verstehen, was Sie sagen, sondern nimmt nur wahr, dass Sie ebenso aufgeregt sind wie er. Diese Aufregung bezieht er auf den anderen Hund und glaubt, Sie würden ihn bei der Abwehr des vermeintlichen Feindes unterstützen. Auf diese Weise verstärken Sie das aggressive Verhalten Ihres Hundes nur.

### Nicht versuchen, den Hund zu beruhigen

Wenn Ihr Hund beim Anblick von Artgenossen aggressiv reagiert, dürfen Sie keinesfalls versuchen ihn beruhigen. Indem Sie ihn streicheln oder ruhig mit ihm sprechen, unterstützen Sie sein aggressives Verhalten. Streicheln oder ruhigen Zuspruch empfindet Ihr Hund als Bestätigung. Er glaubt dann, alles richtig zu machen und wird auch in Zukunft aggressiv gegen seine Artgenossen sein.

## Was tun, wenn sich ein fremder Hund nähert?

So sollten Sie vorgehen, wenn sich Ihnen ein fremder Hund nähert:

### Sie treffen auf einen angeleinten Hund

Sie können die Umgebung, in der Sie sich mit Ihrem Hund bewegen, noch so sorgfältig auswählen, es kann trotzdem jederzeit vorkommen, dass sich ein anderer Hund überraschend Ihrem Hund nähert. Wenn Sie das Gefühl haben, dass Sie und Ihr Hund dieser Situation noch nicht gewachsen sind, machen Sie einen großen Bogen um den anderen Hund, wechseln Sie die Straßenseite oder gehen Sie in entgegengesetzter Richtung mit Ihrem Hund fort. Es ist keine Niederlage, einem anderen Hund auszuweichen, um einen Konflikt zu vermeiden.

### Sie treffen auf einen freilaufenden Hund

Normalerweise sollte jeder Hundehalter seinen freilaufenden Hund zu sich rufen und anleinen, wenn ihm ein fremder Hund begegnet. Erst recht, wenn der andere Hund bereits an der Leine geführt wird. Schließlich hat es einen Grund, warum dieser Hund an der Leine gehalten wird.

Bitten Sie den Führer des fremden Hundes, seinen Hund zu sich zu rufen und anzuleinen. Sagen Sie ihm ruhig, dass Ihr Hund unverträglich ist und Sie mit ihm üben. Wahrscheinlich funktioniert das ohne viel Aufhebens und Sie und Ihr Hund können in aller Ruhe weitermachen.

Sollte der Besitzer des freilaufenden Hundes nicht in der Nähe sein oder keine Einsicht zeigen, kann man für diese Situation keinen allgemeingültigen Ratschlag geben. Vielleicht verläuft die Begegnung völlig harmlos, es könnte aber auch zu einer Beißerei kommen.

Steht zu befürchten, dass Ihr Hund andere Hunde beißt, wenn diese sich ihm nähern, sollten Sie ihn grundsätzlich lieber mit einem Maulkorb ausführen. Ein Maulkorb schadet Ihrem Hund nicht, verringert aber die Verletzungsgefahr. Zudem sind Sie selbst höchstwahrscheinlich sehr viel entspannter, wenn Ihr Hund einen Maulkorb trägt.

# Sicherheit ist oberstes Gebot

Jede Form der Aggression bei Hunden muss unbedingt als das gesehen werden, was es ist: ein ernstzunehmendes Problem. Man sollte sich auf jeden Fall an einen tiertherapeutisch ausgebildeten Tierarzt wenden, der den Hund auf Krankheiten untersucht und den Hundehalter berät.

Lassen Sie einen Hund mit einem Aggressionsproblem niemals frei herumlaufen. Gewöhnen Sie ihn an einen Maulkorb und lassen Sie ihn diesen tragen, wenn Sie befürchten, dass er einen Menschen oder ein anderes Tier beißen könnte. Lassen Sie ihn nie mit Kindern, alten Menschen oder Fremden allein. Lassen Sie ihn nicht mit Kindern spielen. Auch wenn der Hund ein erfolgreiches Training absolviert hat, gibt es keine Garantie dafür, dass er nicht doch wieder einmal aggressiv reagiert.

# Training

Der nachfolgende Beispieltrainingsplan soll demonstrieren, wie ein Training gegen Leinenaggression aussehen kann. Die Übungen bauen aufeinander auf. Übung 1a und Übung 1b sollten sich abwechseln. Erst wenn der Hund eine Übung über einen gewissen Zeitraum zuverlässig ausführt, sollte man den Schwierigkeitsgrad erhöhen. Wenn es Probleme dabei gibt, erhöht man den Abstand zu den anderen Hunden zunächst wieder und beginnt ab da erneut.

# Beispieltrainingsplan für Hunde, die an der Leine aggressiv sind

## Vorbereitung auf das Training

| | |
|---|---|
| Was? | Bringen Sie Ihrem Hund bei, sich auf Sie zu konzentrieren. Üben Sie die Konzentrationsübung „Auf den eigenen Namen hören“ und das Kommando „Sitz“ mit ihm (Kapitel „Grunderziehung“). |
| Was beachten? | Gehen Sie nach den Übungsanleitungen im Kapitel Grunderziehung und den dazugehörigen Trainingsplänen vor. |

## Übung 1a

| | |
|---|---|
| Was? | Gehen Sie mit Ihrem Hund an einen gut überschaubaren Ort, wo andere Hunde sind. Halten Sie soviel Abstand von den Hunden, dass Ihr Hund zwar leicht unruhig wird, aber sich noch auf Ihre Befehle konzentrieren kann.<br>Lassen Sie ihn „Sitz“ machen. Fordern Sie nun Blickkontakt von Ihrem Hund. Loben und belohnen Sie ihn, wenn er ruhig bleibt. |
| Wo? | Im Freien |
| Wie oft? | Bei jedem Gassigehen, mindestens zwanzig- bis dreißigmal pro Spaziergang. |
| Warum? | So gewöhnen Sie Ihren Hund langsam daran, beim Anblick von Artgenossen ruhig zu bleiben. |
| Was beachten? | Maulkorb und Leine benutzen.<br>Ruhe bewahren.<br>Wenn Ihr Hund aggressiv reagiert: wortlos mit ihm weggehen.<br>Wenn es gut klappt: Den Abstand bei der nächsten Übung ein wenig verringern.<br>Übung immer mit dem Abschlusskommando beenden. |

## Übung 1b

| | |
|---|---|
| Was? | Gehen Sie mit Ihrem Hund an einen gut überschaubaren Ort, wo andere Hunde sind. Halten Sie soviel Abstand von den fremden Hunden, dass Ihr Hund zwar leicht unruhig wird, sich aber noch auf Ihre Befehle konzentrieren kann. Lassen Sie ihn „Sitz" machen. Fordern Sie nun Blickkontakt von Ihrem Hund. Loben und belohnen Sie ihn in 3 - 5 Sekundenintervallen, wenn er ruhig bleibt. |
| Wo? | Im Freien |
| Wie oft? | Bei jedem Gassigehen, mindestens zwanzig- bis dreißigmla pro Spaziergang. |
| Warum? | So gewöhnen Sie Ihren Hund langsam daran, dass er sich für längere Zeit auf Sie konzentriert, auch wenn andere Hunde in der Nähe sind. |
| Was beachten? | Maulkorb und Leine benutzen.<br>Ruhe bewahren.<br><br>Wenn Ihr Hund aggressiv wird: wortlos mit ihm weggehen.<br><br>Wenn alles gut klappt: Die Dauer des Blickkontakts nach jeder Übung ein wenig verlängern.<br><br>Übung immer mit dem Abschlusskommando beenden. |

## Übung 2

| | |
|---|---|
| Was? | Gehen Sie auf Wegen oder an Plätzen spazieren, wo Sie auf andere Hunde treffen, Sie aber noch ausreichend Abstand zu den anderen Hunden halten können. Lassen Sie Ihren Hund „Sitz" machen, wenn ein anderer Hund mit seinem Halter vorbeigeht und lassen Sie diesen passieren. Ihr Hund soll sich nur auf Sie konzentrieren. Loben und belohnen Sie Ihren Hund, wenn er ruhig bleibt und den Blickkontakt hält. |
| Wo? | Im Freien |
| Wie oft? | Bei jedem Gassigehen,<br>immer wenn ein anderer Hund vorbei geht. |
| Warum? | So gewöhnen Sie Ihren Hund langsam daran, andere Hunde passieren zu lassen. |
| Was beachten? | Maulkorb und Leine benutzen.<br>Ruhe bewahren.<br><br>Wenn Ihr Hund aggressiv wird:<br>- selbst ruhig bleiben<br>- wortlos und zügig in entgegengesetzter Richtung des fremden Hundes weggehen.<br><br>Übung immer mit dem Abschlusskommando beenden. |

## Übung 3

| | |
|---|---|
| Was? | Gehen Sie auf Wegen oder an Plätzen spazieren, wo Sie auf andere Hunde treffen, Sie aber noch ausreichend Abstand zu den anderen Hunden halten können. Wenn sich ein anderer Hund nähert, gehen Sie so, dass Sie zwischen Ihrem Hund und dem anderen laufen. Fordern Sie Blickkontakt von Ihrem Hund und gehen Sie gemeinsam mit ihm zügig an dem anderen Hund vorbei. Loben und belohnen Sie Ihren Hund, wenn er ruhig bleibt und den Blickkontakt zu Ihnen hält. |
| Wo? | Im Freien |
| Wie oft? | Bei jedem Gassigehen,<br>immer wenn ein anderer Hund vorbei geht. |
| Warum? | So gewöhnen Sie Ihren Hund daran, entspannt an anderen Hunden vorbeizugehen. |
| Was beachten? | Maulkorb und Leine benutzen.<br>Ruhe bewahren.<br><br>Wenn Ihr Hund aggressiv wird:<br>- selbst ruhig bleiben<br>- wortlos und zügig in entgegengesetzter Richtung des fremden Hundes weitergehen. |

# Angstprobleme

Man muss zwischen Angst und Phobie unterscheiden, wenn man Angstprobleme bei seinem Hund lösen möchte.

## Angst oder Phobie?

Angst ist eine Emotion, die durch das Gehirn erzeugt wird und von einem beliebigen Reiz, den der Hund als gefährlich empfindet, ausgelöst werden kann. Wenn sich zum Beispiel ein Rudel fremder Hunde auf Ihren Hund zubewegt, dann ist Angst in einer solchen Situation eine ganz natürliche Reaktion.

Eine Phobie hingegen ist eine Angstreaktion auf einen ganz bestimmten Reiz, wie zum Beispiel ein Gewitter, ein vorbeifahrender Zug oder eine Fahrt im Auto, der für den Hund eigentlich ungefährlich ist. Der Hund hat objektiv betrachtet gar keinen Grund, Angst zu haben, wenn es bei einem Gewitter donnert und trotzdem reagiert er panisch.

Ängste können generalisiert werden. Das bedeutet, dass beispielsweise eine anfängliche Angst vor dem Rasenmäher sich nach und nach auf zusätzliche Lebenssituationen ausweiten kann.

## Warum hat der Hund Angst?

Phobien können sich aus unterschiedlichen Gründen entwickeln.

- **Veranlagung**

  Manche Hunde zeigen bereits im Welpenalter eine Tendenz zur Ängstlichkeit, obwohl ihre Geschwister aus dem gleichen Wurf ganz selbstbewusst an das Leben herangehen. Daher nimmt man an, dass es eine Veranlagung dafür gibt, ängstlich zu sein.

- **Mangelnde Sozialisierung**

  Wenn ein Hund in den ersten 12 Wochen seines Lebens in einer reizarmen Umgebung gelebt hat, reagiert er später möglicherweise ängstlich und unsicher auf unbekannte Eindrücke, wie etwa fahrende Autos oder lärmende Kinder.

- **Negative Erlebnisse**

  Manche Hunde entwickeln eine Phobie aufgrund eines ganz bestimmten Erlebnisses. Hatte ein Hund zum Beispiel einen Unfall mit einem Fahrradfahrer und ist dabei schmerzhaft verletzt worden, kann es sein, dass er zukünftig Angst vor Fahrradfahrern hat.

  Es ist auch möglich, dass eine Angst sich langsam steigert und erst nach und nach zur Phobie wird. Manche Hunde werden zum Beispiel panisch, wenn der Staubsauger betrieben wird. Was anfangs vielleicht nur ein leichtes Unbehagen war, kann sich mit der Zeit zu einer Angststörung auswachsen.

- **Falsches Verhalten des Hundehalters**

  Sehr oft reagieren Hundebesitzer auf das unsichere Verhalten ihres Hund mit Streicheln und Beruhigungsversuchen. Leider hat das den gegenteiligen Effekt. Statt den Hund zu beruhigen, vermitteln sie ihm durch das Streicheln und ruhige Zureden, dass er sich in der Situation völlig richtig verhält, wenn er Angst hat. Der Hund empfindet nämlich die liebevolle Zuwendung als Bestätigung für sein ängstliches Verhalten, was ihn nur noch darin bestärkt.

  Durch das besorgte und eventuell auch aufgeregte Auftreten des Hundehalters in der jeweiligen Situation, entsteht bei dem Hund ebenfalls der Eindruck, dass die betreffende Situation tatsächlich angsteinflößend ist, wodurch die Angst noch zusätzlich verstärkt wird.

# Methoden zur Angstbehandlung

Ängste und Phobien können glücklicherweise häufig erfolgreich behandelt werden.

- **Situation vermeiden**

  Wenn die Angst übermächtig ist, kann es sein, dass eine Behandlung keinen Erfolg hat. Dann hilft ein Vermeiden der angstauslösenden Situation.

- **Falsches Verhalten des Hundebesitzers korrigieren**

  Streicheln und Beruhigen des Hundes in einer Angstsituation müssen zukünftig unterlassen werden. Als Halter muss man erkennen, dass es dem Hund nicht hilft und man stattdessen das ängstliche Verhalten seines Hundes ignorieren muss.

- **Verhaltenstherapie**

  Um den Hund von seiner Angst befreien zu können, muss erst einmal genau feststellt werden, welcher Reiz die Angst auslöst.

  Danach gewöhnt man den Hund schrittweise an den Angstauslöser. Dabei muss man zwar etwas Geduld und Zeit investieren, aber diese Methode ist sehr erfolgreich. Geht man allerdings zu schnell vor, kann das den Erfolg der Behandlung verhindern und der Hund wird nicht von der Angst befreit.

- **Gehorsamkeitstraining**

  Ein klassisches Gehorsamkeitstraining nimmt dem Hund zwar nicht die Angst, es verbessert aber die Kontrolle über den Hund in schwierigen Situationen. Außerdem stärkt es die Bindung zwischen Halter und Hund. Dadurch gewinnt der Hund mehr Zutrauen zu seinem Halter und fühlt sich in seiner Gegenwart sicherer.

- **Üben in Problemsituationen**

  Bei Ängsten, die nicht so schwerwiegend sind, kann man auch direkt in der Problemsituation üben. Diese Methode ist nicht so aufwendig, wie die Verhaltenstherapie.

# Trennungsangst (Verlustangst)

Hunde sind Rudeltiere, das heißt, sie leben in sozialen Gruppenverbänden, die ihnen das Überleben sichern. Hunde wissen instinktiv, dass sowohl die Verteidigung eines Territoriums als auch das Jagen in einer Gruppe erfolgreicher ist als allein. Ein einzelnes Tier hat in der Natur wesentlich schlechtere Überlebenschancen als mit anderen zusammen. Vor diesem Hintergrund betrachtet, ist es zunächst einmal nachvollziehbar, wenn ein Hund nicht gern allein bleibt.

Für ein funktionierendes Zusammenleben zwischen Mensch und Hund ist es jedoch notwendig, dem Hund beizubringen, dass er manchmal allein bleiben muss, ohne seine Nachbarschaft durch Bellen oder Jaulen in den Wahnsinn zu treiben.

## Woran erkennt man Trennungsangst?

Wenn Ihr Hund Verhaltensauffälligkeiten wie etwa

- Bellen, Jaulen, Heulen,
- Kratzen und Nagen an der Haustür oder an den Fenstern oder
- Urinieren oder Defäkieren trotz Stubenreinheit

zeigt, sobald er allein gelassen wird, könnte es sich dabei um Symptome für eine Trennungsangst handeln. Es ist wichtig zu erwähnen, dass diese Verhaltensweisen des Hundes nicht darauf ausgerichtet sind, seinen Halter für dessen Fortbleiben zu bestrafen, sondern dass der Hund unter einer massiven Angstreaktion leidet, über die er selber keine Kontrolle hat.

Falls Sie die folgenden Merkmale mehrheitlich oder sogar alle auf Ihren Hund zutreffen, könnte eine Trennungsangstproblematik bei Ihrem Hund vorliegen:

- Die Verhaltensauffälligkeiten treten immer auf, wenn der Hund alleine gelassen wird.

- Die stärksten Symptome treten innerhalb von etwa 30 – 45 Minuten auf.
- Der Hund reagiert deprimiert, ängstlich oder aufgeregt, wenn Sie sich darauf vorbereiten, das Haus zu verlassen.
- Der Hund gebärdet sich wie verrückt, wenn Sie zurückkommen.
- Der Hund klebt regelrecht an Ihnen, folgt Ihnen von Raum zu Raum und duldet keine geschlossenen Türen.
- Der Hund bleibt auch im Freien lieber bei Ihnen.

Selbst Hunde, die bisher ohne Probleme allein geblieben sind, können im Laufe ihres Lebens eine Trennungsangst entwickeln. Veränderungen in der Familienstruktur - Mutter arbeitet wieder, ein Umzug, ein neues Familienmitglied -, nach einem langen Urlaub wieder allein bleiben zu müssen, ein längerer Aufenthalt in einer Tierpension oder nicht an das Alleinsein gewöhnt worden zu sein, können mögliche Auslöser für eine plötzlich auftretende Trennungsangst sein.

Trennungsangst geht nicht von alleine weg, sondern wird mit der Zeit eher schlimmer. Der Grund dafür liegt auf der Hand. Das Verhalten des Hundes, das er während der Abwesenheit des Besitzers zeigt, führt am Ende immer zum Erfolg. Der Hund kratzt an der Tür, bellt oder jault und irgendwann kommt sein Halter wieder zurück. Als Folge merkt sich der Hund, dass sein Mensch immer dann zurückkommt, wenn er Panikverhalten zeigt. Im Prinzip kann man sagen, dass der Hund für sein panisches Verhalten belohnt wird.

**Sofortmaßnahmen**

- Geben Sie den Hund in eine Betreuung, wenn Sie abwesend sind, bis Sie ihn daran gewöhnt haben, alleine zu bleiben.

- Wenn möglich, nehmen Sie Ihren Hund mit zur Arbeit.

- Lassen Sie den Hund von einem Tierarzt untersuchen und besprechen Sie mit ihm, ob eventuell zusätzlich zum Training beruhigende Medikamente eingesetzt werden sollten.

# Was Sie nicht tun sollten

- Bestrafen Sie den Hund nicht, wenn Sie wieder nach Hause kommen. Bestrafung führt nicht zu einer Verbesserung der Situation, sondern könnte die Trennungsangst Ihres Hundes noch verschlimmern.

- Lassen Sie den Hund nicht in einer Hundebox, wenn er alleine ist. Die Box nimmt ihm nicht die Panik und es könnte passieren, dass er sich bei dem Versuch, daraus zu entkommen, schwer verletzt.

- Verlangen Sie nicht, dass Ihr Hund während längerer Abwesenheit auf seinem Platz bleibt. Das ist zu viel verlangt und Sie können es sowieso nicht überprüfen.

# Behandlung der Trennungsangst

Um Ihren Hund von der Trennungsangst zu befreien, setzten Sie an zwei Punkten an:

## Ansatzpunkt eins:

Ihr Hund muss ganz allmählich daran gewöhnt werden, allein zu bleiben. Man erreicht das, indem man den Hund für ein paar Sekunden allein lässt und ihn belohnt, wenn er ruhig geblieben ist. Nach und nach lässt man den Hund immer ein kleines bisschen länger allein, bis er irgendwann keine Probleme mehr mit dem Alleinbleiben hat.

## Ansatzpunkt zwei:

Häufig zeigen Hunde mit Trennungsangst auch in anderen Situationen ein hartnäckiges Forderungsverhalten, dem ihre Halter in der Regel auch nachkommen.

Gehen Sie nicht mehr auf etwaige Forderungen Ihres Hundes ein. Wenn Ihr Hund etwas von Ihnen möchte, wie etwa Spielen oder Fressen, dann müssen Sie ihn konsequent ignorieren.

Ab sofort bestimmen ausschließlich Sie, wann Ihr Hund frisst, Gassi geht oder gestreichelt wird. Ihr Hund muss sich von nun an seine Ressourcen verdienen, d. h. er muss einen der vier Grundbefehle „Sitz“, „Platz“, „Bleib“ oder „Hier“ ausführen, bevor es Futter gibt, Gassi gegangen wird, gestreichelt wird und so weiter. Natürlich dürfen Sie ihm die Dinge, die er braucht, nicht vorenthalten. Es geht nur darum, Ihrem Hund begreiflich zumachen, dass er, wie andere Lebewesen auch, etwas für seinen Unterhalt leisten muss. Regelmäßigkeit und Konsequenz im Umgang mit Ihrem Hund sind dabei sehr wichtig.

# Vorbereitungen für das Training

Für die folgenden Übungen sollte Ihr Hund das Bleib-Kommando beherrschen. Falls er das noch nicht kann, können Sie ihm das ganz leicht beibringen. Dazu gehen Sie bitte zurück zum Kapitel „Lektion 5: Bleib“, das Sie im Kapitel „Die Grunderziehung“ finden und üben Sie das Kommando nach der dort beschrieben Methode.

Schaffen Sie einen gemütlichen Ruheplatz für Ihren Hund, der ihm ganz alleine gehört und an dem er niemals gestört wird, wenn er sich dorthin zurückzieht. Der Platz sollte zugfrei und geschützt sein, aber Ihrem Hund trotzdem einen guten Überblick über die Geschehnisse lassen. An diesem Platz darf Ihr Hund nur positive Erlebnisse haben, nie zur Strafe hingeschickt oder dort ausgeschimpft werden. Überraschen Sie Ihren Hund gelegentlich, indem Sie ihm ab und zu einen Leckerbissen, den er besonders gerne mag, auf seinen Platz legen. So lernt er, positive Emotionen mit seinem Ruheplatz zu verbinden.

Bevor Sie mit den Alleinbleibe-Übungen beginnen, sollten Sie sicherstellen, dass Ihr Hund ausreichend Auslauf und Spiel hatte und müde ist.

Lassen Sie den Hund in der Trainingsphase nicht mehr alleine, außer während der in dem nachfolgenden Trainingsplan beschriebenen Situationen.

Wenn Ihr Hund während den Alleinbleibe-Übungen nervös und ängstlich wird, schalten Sie eine Stufe zurück. Fangen Sie dann wieder mit der vorangehenden Einheit an.

Bestrafen oder schimpfen Sie Ihren Hund während den Übungen nicht. Ängstliches oder aufgeregtes Verhalten müssen Sie ignorieren. Trösten oder streicheln Sie Ihren Hund nicht, wenn er ein ängstliches Verhalten zeigt. Er darf nur dann Lob, Leckerchen oder Streicheleinheiten bekommen, wenn er ruhig bleibt.

Die Behandlung von Trennungsangst ist meistens ein längerer Prozess. Bleiben Sie geduldig und machen Sie lieber kleine Fortschritte, als Ihren Hund zu überfordern. Anfangs geht es wahrscheinlich noch etwas langsam vorwärts, aber je weiter Sie kommen, desto einfacher wird es.

# Training

Das Training ist in einzelne Übungen gegliedert, die aufeinander aufbauen. Beginnen Sie mit Übung 1 und üben Sie diese täglich mehrere Male, bis Ihr Hund sie problemlos erträgt. Erst dann gehen Sie über zur nächsten Übung. Auch diese muss wieder täglich geübt werden und sollte so oft wie möglich wiederholt werden, bis Ihr Hund sie beherrscht. Dann gehen Sie weiter zur nächsten Übung usw.

Wir können nicht vorhersagen, wie viele Tage Sie bei einer Übung bleiben müssen, aber Sie sollten nur dann zur nächsten Stufe übergehen, wenn Ihr Hund bei der aktuellen Übung immer absolut ruhig bleibt.

Wenn Ihr Hund schließlich Übung 9 beherrscht, können Sie damit beginnen Ihre Abwesenheiten auf 30 – 90 Minuten auszudehnen. Wenn das gut klappt, können Sie allmählich immer länger fortbleiben. Üben Sie aber trotzdem zwischendurch auch immer wieder die einfacheren Übungen, um Ihrem Hund Sicherheit zu geben.

# Trainingsplan für Hunde mit Trennungsangst

## Übung 1

| | |
|---|---|
| Was? | Hund rufen und auf seinen Platz ablegen. Geben Sie ihm das „Bleib"-Kommando.<br>Entfernen Sie sich dann ein paar Schritte von Ihrem Hund. Wenn Ihr Hund ruhig geblieben ist, gehen Sie wieder zu ihm hin und geben ihm ein Leckerchen und viel liebevolles Lob.<br>Danach geben Sie ihm das Abschlusskommando. |
| Wo? | Zuhause |
| Wie oft? | Täglich, mindestens 20-mal, verteilt über den Tag. |
| Warum? | So vermitteln Sie Ihrem Hund, dass er zufrieden auf seinem Platz bleiben kann, auch wenn er nicht an Ihrer Seite klebt. |
| Was beachten? | Wenn Ihr Hund bei einer bestimmten Entfernung mehrmals ruhig bleibt, vergrößern Sie die Entfernung beim nächsten Mal ein wenig.<br>Wenn Ihr Hund aufsteht und Ihnen folgt, bringen Sie ihn an seinen Platz zurück. |

## Übung 2

| | |
|---|---|
| Was? | Hund rufen und auf seinen Platz ablegen. Geben Sie ihm das „Bleib"-Kommando.<br>Entfernen Sie sich für eine Sekunde aus dem Raum. Wenn Ihr Hund ruhig geblieben ist, gehen Sie zu ihm hin und geben ihm ein Leckerchen und viel Lob. Danach geben Sie ihm das Abschlusskommando. |
| Wo? | Zuhause |
| Wie oft? | Täglich, mindestens zwanzigmal, verteilt über den Tag. |

| | |
|---|---|
| Warum? | So vermitteln Sie Ihrem Hund, dass er zufrieden auf seinem Platz bleiben kann, auch wenn er Sie nicht mehr sehen kann. |
| Was beachten? | Wenn Ihr Hund für einen bestimmten Zeitraum immer ruhig bleibt, vergrößern Sie die Dauer der Abwesenheit beim nächsten Mal ein wenig.<br>Wenn Ihr Hund aufsteht und Ihnen folgt, bringen Sie ihn an seinen Platz zurück. |

## Übung 3

| | |
|---|---|
| Was? | Ziehen Sie Ihre Jacke an und nehmen Sie Ihren Schlüssel, so als ob Sie aus dem Haus gehen wollten. Ignorieren Sie den Hund. Dann setzen Sie sich wieder hin und schauen fern oder lesen. Wenn Ihr Hund sich beruhigt hat, ziehen Sie die Jacke wieder aus und hängen Sie sie wieder an die Garderobe. |
| Wo? | Zuhause |
| Wie oft? | Täglich, mindestens 20-mal, verteilt über den Tag. |
| Warum? | So bringen Sie Ihrem Hund bei, sich nicht aufzuregen, wenn Sie sich zum Ausgehen fertig machen. |
| Was beachten? | Nur wenn Ihr Hund bei der Übung ruhig bleibt, belohnen und loben Sie ihn, nachdem Sie Ihre Jacke wieder aufgehängt haben.<br>Machen Sie beim Anziehen der Jacke keinerlei Aufhebens darum und sprechen Sie Ihren Hund nicht an. |

## Übung 4

| | |
|---|---|
| Was? | Ziehen Sie Ihre Jacke an und nehmen Sie Ihren Schlüssel, gehen Sie zur Tür. Öffnen und schließen Sie die Tür. Dann setzen Sie sich wieder hin. Ignorieren Sie den Hund dabei. Wenn Ihr Hund sich beruhigt hat, ziehen Sie die Jacke wieder aus. |
| Wo? | Zuhause |
| Wie oft? | Täglich, mindestens 20-mal, verteilt über den Tag. |
| Warum? | So bringen Sie Ihrem Hund bei, sich nicht aufzuregen, wenn Sie sich zum Ausgehen fertig machen und zur Tür gehen. |
| Was beachten? | Nur wenn Ihr Hund bei der Übung ruhig bleibt, belohnen und loben Sie ihn. |

## Übung 5

| | |
|---|---|
| Was? | Machen Sie sich ausgehfertig, treten Sie vor die Tür, aber lassen Sie diese offen. Dann kommen Sie wieder herein und setzen sich hin. Ignorieren Sie den Hund dabei. Wenn Ihr Hund sich beruhigt hat, ziehen Sie die Jacke wieder aus. |
| Wo? | Zuhause |
| Wie oft? | Täglich, mindestens 20-mal, verteilt über den Tag. |
| Warum? | So bringen Sie Ihrem Hund bei, sich nicht aufzuregen, wenn Sie aus dem Haus treten. |
| Was beachten? | Nur wenn Ihr Hund bei der Übung ruhig bleibt, belohnen und loben Sie ihn. |

## Übung 6

| | |
|---|---|
| Was? | Machen Sie sich ausgehfertig, treten Sie vor die Tür und machen Sie diese zu. Kommen Sie sofort wieder herein und setzen Sie sich wieder hin. Ignorieren Sie den Hund. Wenn Ihr Hund sich beruhigt hat, ziehen Sie die Jacke wieder aus. |
| Wo? | Zuhause |
| Wie oft? | Täglich, mindestens 20-mal, verteilt über den Tag. |
| Warum? | So bringen Sie Ihrem Hund bei, sich nicht aufzuregen, wenn Sie aus dem Haus treten und die Tür zumachen. |
| Was beachten? | Nur wenn Ihr Hund bei der Übung ruhig bleibt, belohnen und loben Sie ihn. |

## Übung 7

| | |
|---|---|
| Was? | Machen Sie sich ausgehfertig, treten Sie vor die Tür und machen Sie diese zu. Bleiben Sie einige Sekunden draußen, kommen Sie wieder herein und setzen Sie sich wieder hin. |
| Wo? | Zuhause |
| Wie oft? | Täglich, mindestens 20-mal, verteilt über den Tag. |
| Warum? | So bringen Sie Ihrem Hund bei, sich nicht aufzuregen, wenn Sie kurz vor der Tür bleiben. |
| Was beachten? | Nur wenn Ihr Hund bei der Übung ruhig bleibt, belohnen und loben Sie ihn. Wenn er Panik zeigt, sind Sie zu schnell vorgegangen. Gehen Sie zurück zu Übung 6. |

## Übung 8

| | |
|---|---|
| Was? | Machen Sie sich ausgehfertig. Gehen Sie zur Tür und sagen Sie: „Bin gleich wieder da!", ohne Ihren Hund anzusehen. Treten Sie vor die Tür und machen Sie diese zu. Bleiben Sie eine Minute draußen, danach kommen Sie wieder herein. |
| Wo? | Zuhause |
| Wie oft? | Täglich, mindestens 20-mal, verteilt über den Tag. |
| Warum? | So bringen Sie Ihrem Hund bei, sich nicht aufzuregen, wenn Sie etwas länger abwesend sind. |
| Was beachten? | Nur wenn Ihr Hund bei der Übung ruhig bleibt, belohnen und loben Sie ihn auf ganz ruhige Weise. |

## Übung 9

| | |
|---|---|
| Was? | Machen Sie sich ausgehfertig. Gehen Sie zur Tür und sagen Sie „Bin gleich wieder da", ohne Ihren Hund anzusehen. Treten Sie vor die Tür und machen Sie diese zu. Bleiben Sie mehrere Minuten draußen, kommen Sie wieder herein. |
| Wo? | Zuhause |
| Wie oft? | Täglich, so oft wie es nur möglich ist, verteilt über den Tag. |
| Warum? | So bringen Sie Ihrem Hund bei, sich nicht aufzuregen, wenn Sie bis zu 10 Minuten abwesend sind. |
| Was beachten? | Wenn der Hund ruhig bleibt, steigern Sie die Abwesenheit auf bis zu 10 Minuten. Loben und belohnen Sie den Hund, wenn er entspannt geblieben ist auf ruhige Weise. Achten Sie darauf, dass der Hund sich zwischen Ihren Abwesenheiten immer wieder völlig entspannt, bevor Sie die Übung wiederholen. |

# Angst vor Geräuschen

Angst vor Gewitter, Feuerwerk oder anderen lauten Geräuschen ist bei Hunden nichts Ungewöhnliches. Manchmal entwickeln Hunde eine solche Angst, auch ohne vorher ein traumatisches Erlebnis gehabt zu haben. Wichtig ist, dass man dem Hund hilft, seine Angst zu überwinden, denn es hat sich gezeigt, dass Ängste dieser Art sich verschlimmern und eventuell auch auf andere Dinge übertragen werden, wenn sie nicht behandelt werden.

Zum Beispiel kann es sein, dass ein Hund, der Angst vor Feuerwerk hat, seine Angst auch auf bestimmte Personen ausweitet, weil er gesehen hat, wie diese das Feuerwerk abgeschossen haben.

Häufig machen Hundebesitzer den Fehler, ihren Hund zu trösten, zu streicheln oder hochzunehmen, in der guten Absicht, ihren Hund zu beruhigen, wenn er Angst hat. Dadurch bestärken sie den Hund aber leider ungewollt in seinem Verhalten und seine Angst nimmt mit der Zeit zu.

## Woran erkennt man, dass der Hund Angst vor Geräuschen hat?

Wenn Ihr Hund bei lauten Geräuschen, zum Beispiel Gewittern, Silvesterknallern oder Gewehrschüssen, Verhaltensweisen wie

- Hecheln, starker Speichelfluss,
- Fluchtverhalten,
- Erstarren,
- Winseln, Heulen, Bellen,
- Verstecken,

- Erbrechen, Urinieren, Defäkieren oder
- Zerstören von Gegenständen

zeigt, hat er höchstwahrscheinlich Angst vor solchen Geräuschen oder etwas, das er damit in Verbindung bringt. Bevor man die Geräuschangst jedoch behandeln kann, muss man zuerst herausfinden, was genau die Angstreaktion des Hundes verursacht.

Wenn Ihr Hund Angst vor Gewitter hat, kann bereits das Verdunkeln des Himmels oder ein Blitz die Angst Ihres Hundes auslösen.

## Sofortmaßnahmen

Schaffen Sie einen Platz, an den Ihr Hund flüchten kann, wenn das Geräusch auftritt. Es muss ein Platz sein, der aus der Sicht des Hundes sicher ist. Vielleicht will er sich unter Ihrem Bett verkriechen, dann sollten Sie ihm Zugang zu diesem Ort ermöglichen (funktioniert nicht bei Hunden, die einen starken Bewegungsdrang verspüren, wenn sie in Panik geraten).

Versuchen Sie Ihren Hund abzulenken, wenn er erste Anzeichen von Angst zeigt. Sie können versuchen, ihn zu einem Spiel zu animieren. Loben Sie Ihren Hund immer wieder, solange er sich auf das Spiel konzentriert.

Stoppen Sie das Spiel sofort, wenn Ihr Hund seine Aufmerksamkeit auf das Angstgeräusch richtet und panisch wird, da Sie Ihren Hund sonst in seinem ängstlichen Verhalten bestärken könnten.

Suchen Sie Ihren Tierarzt auf, um Ihren Hund untersuchen zu lassen. Möglicherweise hat er eine Krankheit, die zu seinen Angstreaktionen führt oder vielleicht braucht er auch zusätzlich zu einem Verhaltenstraining ein beruhigendes Medikament.

Bei manchen Hunden wirken Pheromone beruhigend. Es gibt spezielle Pheromoncocktails, die dem Geruch von säugenden Hündinnen nachgebildet wurden und weder für Tiere noch Menschen schädlich sein sollen.

Geben Sie Ihrem Hund eine klassische Grunderziehung (siehe Kapitel „Die Grunderziehung“). Das nimmt ihm zwar nicht die Angst, aber macht Ihren Hund in kritischen Situationen leichter kontrollierbar und erhöht sein Selbstbewusstsein.

## Was Sie nicht tun sollten

Beruhigen Sie den Hund nicht, wenn er Panik zeigt, denn das verstärkt sein Verhalten. Sie sollten sich immer so verhalten, als wenn Sie gar nicht bemerken würden, dass er gerade Angst hat.

Schließen Sie Ihren Hund nicht in eine Hundebox ein, wenn Sie eine Angstreaktion befürchten. Ihr Hund hat in einer Kiste nicht weniger Angst, könnte sich jedoch schlimm verletzen, wenn er versucht, daraus zu flüchten.

Bestrafen oder schimpfen Sie Ihren Hund nicht, wenn er Angst hat. Das verschlimmert seine Angst nur. Ihr Hund ist nicht dazu in der Lage, seine Angstreaktion zu kontrollieren.

Zwingen Sie Ihren Hund nicht, in der Nähe des angstauslösenden Geräusches zu bleiben. Der Hund muss erst langsam und in kleinen Schritten daran gewöhnt werden.

## Behandlung der Geräuschangst

Angst vor Geräuschen kann man einem Hund langsam abtrainieren. Dazu wird er dem angstauslösenden Geräusch in einem Ausmaß ausgesetzt, dass er es ohne Angst erträgt. Man macht ihm diese Situation angenehm, indem man ihn lobt, streichelt und mit Leckerchen belohnt. Nach und nach wird der Reiz stufenweise verstärkt. Immer wenn der Hund keine Angst zeigt, wird gelobt, gestreichelt und belohnt. Je nach Umgebung, kann man auch mit dem Hund spielen. Diesen Vorgang wiederholt man so oft, bis der Hund sich an das Geräusch gewöhnt und keine Angst mehr davor hat.

## Vorbereitungen für das Training

Besorgen Sie sich einen Tonträger, auf dem die Geräusche, die Ihrem Hund Angst machen, vorkommen. Es gibt bereits fertige Geräusch-CDs im Fachhandel zu kaufen. Bevor Sie den Tonträger für das Training verwenden, sollten Sie überprüfen, ob das jeweilige Geräusch auch wirklich eine Angstreaktion bei Ihrem Hund hervorruft. Sonst nützt es nichts.

Ihr Hund sollte vor den Trainingseinheiten ausreichend Auslauf und Spiel haben.

Sollte der Hund bei einem bestimmten Lautstärkepegel Angst zeigen, müssen sofort ausschalten. Üben Sie bei der nächsten Trainingseinheit mit einer geringeren Lautstärke, die keine Angst auslöst. Gehen Sie dann in Zukunft etwas langsamer vor.

# Trainingsempfehlung für Hunde mit Geräuschangst

## Übungsverlauf

| | |
|---|---|
| Was? | Spielen Sie das angstauslösende Geräusch so leise ab, dass Ihr Hund dabei entspannt bleibt. Während die CD abgespielt wird, füttern Sie Ihren Hund.<br>Beim nächsten Mal geben Sie ihm sein Lieblingsleckerchen, loben und streicheln Sie ihn. |
| Wo? | Zuhause |
| Wie oft? | Täglich, mindestens 20-mal, verteilt über den Tag. |
| Warum? | So vermitteln Sie Ihrem Hund, dass etwas Angenehmes passiert, wenn das Angstgeräusch kommt. |
| Was beachten? | Wenn Ihr Hund bei einem bestimmten Lautstärkepegel immer ruhig bleibt, können Sie bei der nächsten Sitzung etwas lauter machen. |

# Angst vor Gegenständen

Hier ist die Vorgehensweise ähnlich wie bei der Angst vor bestimmten Geräuschen.

## Woran erkennt man, dass der Hund Angst vor Gegenständen hat?

Wenn Ihr Hund bei bestimmten Gegenständen, zum Beispiel Fahrrädern oder Staubsaugern, Verhaltensweisen wie

- Hecheln, starker Speichelfluss, erweiterte Pupillen,
- Fluchtverhalten,
- Erstarren,
- Winseln, Heulen, Bellen,
- Verstecken,
- Erbrechen, Urinieren, Defäkieren oder
- aggressives Verhalten

zeigt, hat er höchstwahrscheinlich Angst davor. Bevor man diese Angst behandeln kann, muss man herausfinden, was genau die Angstreaktion des Hundes auslöst.

**Sofortmaßnahmen**

- Bringen Sie Ihren Hund zum Tierarzt, um eventuelle Krankheiten auszuschließen. Falls die Angst sehr stark ist, kann der Tierarzt möglicherweise beruhigende Medikamente verschreiben, die bei der Gewöhnung an den Gegenstand unterstützend wirken.

- Der Hund sollte nicht mehr mit dem Gegenstand konfrontiert werden, außer auf die in der Trainingsempfehlung beschriebenen Weise.

- Wird der Hund aggressiv bei dem Kontakt mit dem Gegenstand, sollte er einem Maulkorb tragen.

# Was Sie nicht tun sollten

- Beruhigen Sie Ihren Hund nicht, wenn er Panik zeigt, denn das bestärkt ihn in seinem Verhalten. Sie sollten sich immer so verhalten, als wenn Sie gar nicht bemerken würden, dass er gerade Angst hat.
- Bestrafen oder schimpfen Sie Ihren Hund nicht, wenn er Angst hat. Das verschlimmert die Angst nur. Ihr Hund ist nicht dazu in der Lage die Angstreaktion zu kontrollieren.
- Zwingen Sie Ihren Hund nicht, in der Nähe des angstauslösenden Gegenstands zu bleiben. Der Hund muss erst langsam und in kleinen Schritten daran gewöhnt werden.

# Behandlung der Angst vor Gegenständen

Die Angst vor bestimmte Gegenständen kann man einem Hund langsam abgewöhnen. Dazu bringt man ihn in die Nähe des angstauslösenden Gegenstands. Man hält dabei aber immer einen Abstand zu dem Gegenstand ein, der so groß ist, dass der Hund gerade noch ruhig bleibt. Diese Situation macht man für den Hund attraktiv, indem man ihm sein Futter gibt.

Wenn der Hund fertig gefressen hat, wird er gelobt und gestreichelt. Da man mehrmals am Tag üben sollte, kann man bei den weiteren Übungen mit besonders schmackhaften Leckerchen belohnen, wenn der Hund ruhig bleibt.

Wenn der Hund einige Male bei einem bestimmten Abstand immer ruhig bleibt, geht man etwas näher an den Gegenstand heran. Jedes Mal, wenn der Hund angstfrei bleibt, wird er gefüttert beziehungsweise mit einem Leckerchen belohnt. Diese Übung wiederholt man so oft, bis der Hund sich endgültig an den Gegenstand gewöhnt hat und keine Angst mehr hat.

Das Gewöhnen an einen Angstauslöser kann je nach Hund ein paar Tage dauern, aber auch ein paar Wochen. Man sollte auf keinen Fall ungeduldig werden, denn dadurch könnte man den Erfolg des Trainings verhindern.

## Vorbereitungen für das Training

Ihr Hund sollte vor den Trainingseinheiten ausreichend Auslauf und Spiel haben.

Falls Ihr Hund bei einer Übung aufgeregt, nervös oder ängstlich wird, sind Sie möglicherweise zu schnell vorgegangen. Schalten Sie eine Stufe zurück, das heißt, vergrößern Sie den Abstand zu dem Gegenstand wieder. Erst wenn Ihr Hund dann über einen längeren Zeitraum bei dieser Entfernung ruhig bleibt, können Sie den Abstand zu dem Gegenstand wieder etwas reduzieren.

# Trainingsempfehlung für Hunde mit Angst vor Gegenständen

## Übungsverlauf

| | |
|---|---|
| Was? | Nähern Sie sich mit Ihrem Hund dem angstauslösenden Gegenstand. Halten Sie soviel Abstand, dass Ihr Hund dabei entspannt bleibt. Füttern Sie Ihren Hund. Wenn er ruhig gefressen hat, loben Sie ihn.<br>Beim nächsten Üben geben Sie ihm sein Lieblingsleckerchen, loben und streicheln Sie ihn. |
| Wo? | Dort, wo sich der Gegenstand befindet. |
| Wie oft? | Täglich, mindestens 20-mal, verteilt über den Tag. |
| Warum? | So vermitteln Sie Ihrem Hund, dass etwas Angenehmes passiert, wenn er sich in der Nähe des Gegenstands befindet. |
| Was beachten? | Wenn Ihr Hund bei einem bestimmten Abstand immer ruhig bleibt, können Sie bei der nächsten Sitzung etwas näher an den Gegenstand herangehen.<br>Hunde, die aggressiv werden, kann man nicht füttern, da sie einen Maulkorb tragen müssen. Stattdessen können Sie Leckerchen geben und mit dem Hund spielen. |

# Angst vor Fremden

Es gibt viele unterschiedliche Gründe, warum ein Hund ängstlich auf Fremde reagiert. Es kann sein, dass er schlecht behandelt wurde oder andere negative Erfahrungen mit Fremden gemacht hat. Möglich ist auch, dass er mangelhaft sozialisiert wurde oder generell dazu veranlagt ist, ängstlich zu sein. Was auch immer der Grund dafür ist, man muss sich darum kümmern, sobald man die ersten Anzeichen der Angst bemerkt.

Angstprobleme können in Aggressionsprobleme ausarten, wenn Sie gar nicht oder falsch behandelt werden. Die Trainingsempfehlungen für Hunde mit Angst vor Fremden sind für Hunde gedacht, die nicht aggressiv auf Fremde reagieren. Falls Sie befürchten, dass Ihr Hund aggressiv werden oder sogar beißen könnte, sollten Sie ihm einen Maulkorb anlegen. Zusätzlich sollten Sie sich an einen erfahrenen Hundetrainer oder Tiertherapeuten wenden, der Sie berät.

## Sofortmaßnahmen

- Lassen Sie Ihren Hund von einem Tierarzt untersuchen, um mögliche Krankheiten auszuschließen und der Sie außerdem zu dem Thema beraten kann. Falls die Angst sehr stark ist, kann der Tierarzt eventuell beruhigende Medikamente verschreiben, die bei der Gewöhnung an fremde Menschen unterstützend wirken.

- Der Hund sollte nicht mehr mit Fremden konfrontiert werden, außer in der im Trainingsplan beschriebenen Weise.

- Wird der Hund aggressiv beim Kontakt mit Fremden, sollte er immer einem Maulkorb tragen.

# Was Sie nicht tun sollten

Beruhigen Sie den Hund nicht, wenn er Panik zeigt, denn das verstärkt sein Verhalten. Sie sollten sich immer so verhalten, als wenn Sie gar nicht bemerken würden, dass er gerade Angst hat.

Bestrafen oder schimpfen Sie Ihren Hund nicht, wenn er Angst hat. Das verschlimmert die Angst nur. Ihr Hund ist nicht dazu in der Lage, die Angstreaktion zu kontrollieren.

Zwingen Sie Ihren Hund nicht, in der Nähe von Fremden zu bleiben. Der Hund muss langsam und in kleinen Schritten an sie gewöhnt werden.

# Behandlung der Angst vor Fremden

Die Angst vor Fremden kann man einem Hund langsam abgewöhnen oder zumindest soweit in den Griff bekommen, dass er Fremde toleriert.

Dazu bringt man ihn schrittweise in Kontakt mit fremden Menschen. Man bleibt dabei aber immer in einem Abstand, der so groß ist, dass der Hund ruhig bleibt. Diese Situation macht man für den Hund attraktiv, indem man ihn mit besonders schmackhaften Leckerchen belohnt.

Wenn der Hund bei einem bestimmten Abstand immer ruhig bleibt, kann man den Abstand etwas verringern. Jedes Mal wenn der Hund angstfrei bleibt, wird er mit besonders schmackhaften Leckerchen belohnt.

Das Gewöhnen an Fremde kann lange dauern. Man sollte auf keinen Fall ungeduldig werden, denn dadurch könnte man den Erfolg des Trainings verhindern.

# Vorbereitungen für das Training

- Statten Sie sich mit ganz besonders schmackhaften Leckerchen aus.
- Achten Sie darauf, dass die Begegnungen mit Fremden für Ihren Hund immer eine positive Erfahrung ist.
- Ihr Hund sollte vor den Trainingseinheiten ausreichend Auslauf und Spiel haben.
- Üben Sie nicht mit Ihrem Hund, wenn Sie nicht in der richtigen Stimmung sind.

- Üben Sie an einem Ort, wo Sie auf Fremde treffen, aber genug Platz haben, um ihnen auszuweichen.
- Üben Sie anfangs an Orten, wo nur wenig Ablenkung herrscht.
- Belohnen Sie Ihren Hund ausschließlich dann, wenn er ruhig bleibt. Niemals belohnen, wenn er Angst zeigt.
- Wenn Ihr Hund in einer Übungssituation ängstlich wird, ignorieren Sie sein Verhalten, aber führen Sie ihn fort aus der Situation. Vergrößern Sie beim nächsten Trainieren den Abstand wieder etwas.

# Trainingsplan für Hunde mit Angst vor Fremden

## Übung 1

| | |
|---|---|
| Was? | Gehen Sie an einen möglichst ruhigen Ort, wo sich fremde Menschen befinden, aber halten Sie soviel Abstand von ihnen, dass Ihr Hund ruhig bleibt. Lassen Sie Ihren Hund „Sitz“ machen und belohnen und loben Sie ihn mit den besten Leckerchen in Intervallen von 5 Sekunden. Achten Sie darauf, dass Ihr Hund beim Belohnen Blickkontakt mit Ihnen hält. |
| Wo? | Unterwegs |
| Wie oft? | Bei jedem Gassigehen. |
| Warum? | So vermitteln Sie Ihrem Hund, dass etwas Angenehmes passiert, wenn er in der Nähe von Fremden ist. |
| Was beachten? | Wenn Ihr Hund bei einer bestimmten Entfernung für etwa 14 Tage immer ruhig bleibt, verringern Sie die Entfernung ein wenig.<br>Dann wieder 14 Tage mit dieser Entfernung üben, bis Sie nach einiger Zeit nahe an Fremde herangehen können. |

## Übung 2

| | |
|---|---|
| Was? | (baut auf Übung 1 auf)<br>Wenn Ihr Hund Übung 1 gut absolviert hat, können Sie in belebteren Gebieten üben (Einkaufszone, Sportplatz).<br>Gehen Sie genauso vor, wie bei Übung 1. |
| Wo? | Unterwegs |
| Wie oft? | Wenn Sie mit dem Hund Gassi gehen. |

| | |
|---|---|
| Warum? | So vermitteln Sie Ihrem Hund, dass etwas Angenehmes passiert, wenn er in der Nähe von Fremden ist. |
| Was beachten? | Wenn Ihr Hund bei einer bestimmten Entfernung für etwa 14 Tage immer ruhig bleibt, verringern Sie die Entfernung ein wenig.<br>Dann wieder 14 Tage mit dieser Entfernung üben, bis Sie nach einiger Zeit nahe an Fremde herangehen können. |

## Übung 3

| | |
|---|---|
| Was? | (baut auf Übung 2 auf)<br>Wenn Ihr Hund Übung 2 gut absolviert hat, können Sie einen Helfer engagieren, der sich Ihrem Hund nähert.<br>Lassen Sie Ihren Hund „Sitz" machen.<br>Wenn der Hund ruhig bleibt, kann der Helfer ihm ein Leckerchen zwischen die Vorderpfoten werfen. |
| Wo? | Unterwegs |
| Wie oft? | Wenn Sie mit dem Hund Gassigehen. |
| Warum? | So vermitteln Sie Ihrem Hund, dass etwas Angenehmes passiert, wenn Fremde sich ihm nähern. |
| Was beachten? | Der Helfer soll den Hund nicht anfassen. Er darf dem Hund nur ein Leckerchen zuwerfen, wenn der Hund ruhig bleibt und keine Angst zeigt. |

# Angst vor Autofahrten

Es ist nicht ungewöhnlich, dass das Fahren im Auto bei Hunden Angstreaktionen auslöst. Das hat unterschiedliche Gründe. Meistens verbinden Hunde die Fahrt im Auto mit unangenehmen Erfahrungen, wie beispielsweise den Besuch beim Tierarzt oder weil ihnen schlecht geworden ist.

## Woran erkennt man, dass der Hund Angst vor dem Autofahren hat?

Wenn Ihr Hund beim Autofahren Verhaltensweisen wie

- Hecheln, starker Speichelfluss, erweiterte Pupillen,
- Fluchtverhalten,
- Erstarren,
- Winseln, Heulen oder Bellen

zeigt, hat er höchstwahrscheinlich Angst im Auto.

**Sofortmaßnahmen**

- Unternehmen Sie vorerst keine Fahrten im Auto mit Ihrem Hund, bis er daran gewöhnt wurde.

- Lassen Sie Ihren Hund vom Tierarzt untersuchen, um Krankheiten auszuschließen. Möglicherweise kann er ein beruhigendes Medikament verschreiben, dass unterstützend bei der Gewöhnung an das Auto wirkt.

# Was Sie nicht tun sollten

Beruhigen Sie den Hund nicht, wenn er Panik zeigt, denn das bestärkt ihn in seinem Verhalten. Sie sollten sich immer so verhalten, als wenn Sie gar nicht bemerken würden, dass er gerade Angst hat.

Bestrafen oder schimpfen Sie Ihren Hund nicht, wenn er Angst hat. Das verschlimmert die Angst nur. Ihr Hund ist nicht dazu in der Lage, die Angstreaktion zu kontrollieren.

Zwingen Sie Ihren Hund nicht, in die Nähe des Autos zu gehen oder zu Fahrten im Auto. Der Hund muss erst langsam und in kleinen Schritten daran gewöhnt werden.

Vermeiden Sie in Zukunft nach Möglichkeit Fahrten zum Tierarzt mit dem Auto.

# Behandlung der Autoangst

Der Hund wird ganz behutsam an das Auto gewöhnt. Dazu bringt man ihn zunächst einmal in die Nähe des Autos und macht ihm die Situation angenehm durch Fütterung, Leckerchen und Lob. Dann macht man das Gleiche im Innenraum des Autos, lässt aber den Motor abgeschaltet. Weiter geht es dann mit laufenden Motor und die nächste Stufe ist dann ein kurzer Trip im Auto.

Das Prinzip ist, dass man den Schwierigkeitsgrad langsam steigert und so die Angst des Hundes stufenweise abbaut. Dabei sollte man ganz langsam vorgehen. Je nach Hund kann es ein paar Tage oder ein paar Wochen dauern, bis er sich an das Autofahren gewöhnt hat.

Wichtig ist, dass man darauf achtet, dass der Hund nur positive Erlebnisse mit dem Autofahren verbindet.

# Vorbereitungen für das Training

Lassen Sie Ihren Hund immer ausreichend Auslauf haben, bevor Sie mit den Übungen beginnen. Nützlich ist es auch, wenn der Hund hungrig ist, bevor Sie trainieren. Für das Training muss Ihr Hund den Befehl „Platz“ beherrschen. Im Kapitel „Grunderziehung“ in der Lektion „Platz“ finden Sie eine Anleitung, wie Sie Ihrem Hund diesen Befehl beibringen.

# Trainingsplan

Die Übungen im Trainingsplan bauen aufeinander auf. Wenn Ihr Hund eine Übung ohne Angst und völlig entspannt bewältigt, können Sie mit der nachfolgenden Übung weitermachen. Zeigt Ihr Hund Anzeichen von Angst, waren Sie möglicherweise zu schnell. Üben Sie dann mit der vorherigen Übung weiter.

# Trainingsplan für Hunde mit Angst vor Autofahrten

## Vorbereitung

| | |
|---|---|
| Was? | Üben Sie den Befehl „Platz" mit Ihrem Hund. Im Kapitel „Die Grunderziehung" finden Sie die dafür notwendige Anleitung. |

## Übung 1

| | |
|---|---|
| Was? | Nähern Sie sich mit Ihrem Hund dem Auto.<br>Halten Sie soviel Abstand, dass Ihr Hund entspannt bleibt.<br>Lassen Sie Ihren Hund „Platz" machen.<br>Geben Sie ihm sein Lieblingsleckerchen, loben und streicheln Sie ihn.<br>Geben Sie danach das Abschlusskommando. |
| Wo? | In der Nähe des Autos |
| Wie oft? | Täglich, mindestens 20-mal, verteilt über den Tag. |
| Warum? | So vermitteln Sie Ihrem Hund, dass etwas Angenehmes passiert, wenn er in der Nähe des Autos ist. |
| Was beachten? | Wenn Ihr Hund bei einem bestimmten Abstand immer ruhig bleibt, können Sie beim nächsten Mal etwas näher an das Auto herangehen. |

## Übung 2

| | |
|---|---|
| Was? | Öffnen Sie die Heckklappe des Autos und locken Sie Ihren Hund mit seinen Lieblingsleckerchen hinein, loben und streicheln Sie ihn. Dann lassen Sie den Hund im Auto „Platz" machen. Weiterhin Leckerchen geben und loben. Geben Sie nach einigen Sekunden das Abschlusskommando und lassen Sie Ihren Hund wieder aus dem Auto heraus. |
| Wo? | Im Auto |
| Wie oft? | Täglich, mindestens 20-mal, verteilt über den Tag. |
| Warum? | So vermitteln Sie Ihrem Hund, dass etwas Angenehmes passiert, wenn er im Auto ist. |
| Was beachten? | Wenn Ihr Hund Angst bekommt, stoppen Sie die Übung.<br>Ignorieren Sie sein ängstliches Verhalten.<br>Loben Sie ruhiges und entspanntes Verhalten mit Leckerchen und Lob. |

## Übung 3

| | |
|---|---|
| Was? | Wie Übung 2, nur diesmal mit laufendem Motor. Falls sich Ihr Hund ängstlich verhält, dürfen Sie ihn auf keinen Fall beruhigen. Er könnte das als Belohnung für sein Verhalten verstehen. |
| Wo? | Im Auto, mit laufendem Motor |
| Wie oft? | Täglich, mindestens 20-mal, verteilt über den Tag. |
| Warum? | So vermitteln Sie Ihrem Hund, dass etwas Angenehmes passiert, wenn er im Auto ist. |

| | |
|---|---|
| Was beachten? | Wenn Ihr Hund Angst bekommt, stoppen Sie die Übung.<br>Ignorieren Sie sein ängstliches Verhalten.<br>Loben Sie ruhiges und entspanntes Verhalten mit Leckerchen und Lob. |

## Übung 4

| | |
|---|---|
| Was? | Fahren Sie ein paar Meter mit dem Hund im Auto. Dann füttern Sie Ihren Hund im stehenden Auto, lassen den Motor aber dabei laufen. Lassen Sie den Hund dann hinaus und machen Sie einen schönen Spaziergang mit ihm. Danach fahren Sie die paar Meter wieder mit dem Auto zurück. Belohnen Sie angstfreies Verhalten mit Leckerchen und viel Lob. |
| Wo? | Im Auto mit laufendem Motor. |
| Wie oft? | Täglich zu den Fütterungszeiten. |
| Warum? | So vermitteln Sie Ihrem Hund, dass etwas Angenehmes passiert, wenn er Auto fährt. |
| Was beachten? | Wenn Ihr Hund Angst bekommt, stoppen Sie die Übung.<br>Versuchen Sie niemals, den Hund zu beruhigen, wenn er ängstlich ist. Ignorieren Sie sein Verhalten. |

## Übung 5

| | |
|---|---|
| Was? | Wie Übung 4. Verlängern Sie nach und nach die Strecke, die Sie mit dem Auto fahren. Jedes Mal wenn Ihr Hund im Auto ohne Angst mitgefahren ist, gehen Sie mit ihm Gassi oder spielen Sie ein tolles Spiel mit ihm. |
| Wo? | Im Auto mit laufendem Motor. |
| Wie oft? | Täglich zu den Fütterungszeiten. |

| | |
|---|---|
| Warum? | So vermitteln Sie Ihrem Hund, dass etwas Angenehmes passiert, wenn er Auto fährt. |
| Was beachten? | Wenn Ihr Hund Angst bekommt, stoppen Sie die Übung.<br>Versuchen Sie niemals, den Hund zu beruhigen, wenn er ängstlich ist. Ignorieren Sie sein Verhalten. |

# Unterschiedliche Verhaltensprobleme

Neben den großen Verhaltensproblemgruppen, gibt es noch eine Vielzahl spezifischer Einzelprobleme. Auf die häufigsten gehen wir im nachfolgenden Kapitel ein.

# Zerstörungswut

Räumt Ihr Hund den Mülleimer aus oder stürzt er sich mit Übereifer auf das Altpapier, sobald Sie ihn allein lassen? Oder zerfetzt er mit Vorliebe Ihre Sofakissen? Wenn ein Hund zerstörerische Verhaltensweisen zeigt, muss man herausfinden, woran das liegt, bevor man etwas dagegen tun kann.

## Warum entwickeln Hunde zerstörerische Verhaltensweisen?

Zerstörerische Verhaltensweisen können unterschiedliche Gründe haben.

### Der Welpe bekommt Zähne

Ihr Hund bekommt vielleicht gerade Zähne und zerkaut Sachen, weil er Schmerzen beim Zahnen hat. Bieten Sie ihm Kauknochen, gefrorene Möhren oder spezielles Gummispielzeug für Hunde an, auf denen herumkauen kann.

### Flegelalter

Vielleicht ist Ihr Hund auch gerade im Flegelalter und hat entdeckt, dass es großen Spaß macht, Dinge zu zerkauen und zu zerfetzen.

- Geben Sie Ihrem Hund eine klassische Grunderziehung (-> Kapitel „Die Grunderziehung").
- Machen Sie tägliche Gehorsamkeitsübungen mit Ihrem Hund.
- Räumen Sie die Dinge weg, die er am liebsten kaputt macht.

- Viel Auslauf, Bewegung und Spiel, sowie die Möglichkeit Kontakt zu seinen Artgenossen aufzunehmen, lasten diese jungen Energiebündel zusätzlich aus. Ein Hund, der nach einem ausgiebigen Spaziergang erschöpft ist, schläft lieber, als dass er sich auf die Wohnungseinrichtung stürzt.

## Einsamkeit und Langeweile

Hunde sind Rudeltiere. Von Natur aus möchten sie ihr Leben als Mitglied einer Gruppe verbringen und sie zeigen ernste Anzeichen von Stress, wenn sie allein gelassen werden.

Viele Hunde müssen dennoch täglich oft acht Stunden und länger allein bleiben, wenn ihre Besitzer zur Arbeit gehen. Langeweile, Unterforderung und Einsamkeit sind in solchen Fällen die Hauptgründe, warum der Hund zerstörerische Verhaltensweisen an den Tag legt.

Hunde, die die Wohnung verwüsten, weil sie zu viel allein sind, tun dies nicht um ihre Halter zu ärgern oder für ihre Abwesenheit zu bestrafen. Sie können nicht anders. Sie befinden sich in einer emotionalen Notlage. Um ihr Verhalten wieder zu normalisieren, hilft kein Training. Die einzige Lösung für dieses Problem ist, die Haltungsbedingungen des Hundes zu verbessern.

- Der Hund sollte jeden Tag so viel Auslauf haben, dass er müde ist, bevor Sie ihn verlassen. Machen Sie einen Spaziergang von mindestens 45 Minuten mit Ihrem Hund, bevor Sie ihn länger als vier Stunden allein lassen.

- Die Zeiträume, in denen er allein ist, sollten verkürzt werden. Wenn man berufstätig ist und seinen Hund nicht mit zur Arbeit nehmen kann, was ja leider nur äußerst selten möglich ist, kann man einen Hundesitter engagieren, der den Hund tagsüber abholt und mit ihm Gassi geht. Vielleicht gibt es auch einen netten Nachbarn, der zwischendurch mit dem Hund spazieren geht.

- Ihr Hund sollte durch tägliche Übungen geistig gefordert werden und er sollte Kontakt zu seinen Artgenossen bekommen.

## Trennungsangst

Trennungsangst kann ebenfalls ein Grund dafür sein, dass ein Hund Sachen kaputt macht. Im Kapitel „Angstprobleme“ finden Sie umfangreiche Informationen darüber, warum Hunde Ängste entwickeln, wie man diese erkennt und wie man dem Hund helfen kann, seine Angst wieder loszuwerden.

# Was Sie beachten sollten

Bestrafen Sie Ihren Hund nicht, wenn Sie nach Hause kommen und er die Wohnung demoliert hat. Er kann das zerstörerische Verhalten zu diesem Zeitpunkt nicht mehr mit der Strafe in Verbindung bringen und versteht nicht, warum Sie mit ihm schimpfen. Viele Hundebesitzer glauben zwar, ihr Hund hätte in einem solchen Moment einen schuldbewussten Gesichtsausdruck und wüsste ganz genau, was er falsch gemacht hat, aber das ist nicht richtig. Das ängstliche oder unterwürfige Gebaren des Hundes kommt daher, dass er sich vor dem Ärger seines Halters fürchtet.

Versorgen Sie Ihren Hund mit Dingen, die er zerkauen darf, wie zum Beispiel Kauknochen und Hundespielzeug.

Sorgen Sie für Abwechslung im Leben Ihres Hundes.

# Störendes Bellen

Genau wie wir Menschen haben auch Tiere eigene Methoden entwickelt, um sich miteinander zu verständigen. So machen sich Hunde, neben dem Einsatz der Körpersprache, auch mit Hilfe ihrer Stimme bemerkbar, wenn sie etwas mitteilen möchten. Dazu gehören Lautäußerungen wie Bellen, Knurren, Winseln und Heulen.

## Bellen ist eine natürliche Ausdrucksweise des Hundes

Hunde, die bellen, verhalten sich also ganz natürlich. Ein bellender Hund versucht lediglich, seiner Umgebung etwas zu sagen. Vielleicht hat er einen anderen Hund bemerkt oder jemand ist an der Eingangstür. Vielleicht ist ihm auch einfach nur langweilig oder er bellt aus Solidarität. Je nach Situation kann das Bellen ganz unterschiedliche Gründe haben. Angstbellen, Verteidigungsbellen, Drohgebell, aber auch Bellen aus Freude sind nur einige Beispiele für die verschiedenen Arten des Bellens bei Hunden. Manchmal bellen Hunde auch aus Kummer oder weil sie festgestellt haben, dass sie damit etwas Bestimmtes erreichen können. Es gibt zahlreiche Gründe, warum Hunde bellen. An der Art des Bellens und der dabei eingesetzten Körpersprache, lässt sich meistens recht gut erkennen, was sie ausdrücken möchten.

## Bellt mein Hund zu viel?

Nicht immer ist der Eindruck, dass ein Hund zu viel bellt, wirklich zutreffend. Schließlich ist ein gewisses Maß an Gebell bei Hunden ganz normal. Einem Hund das Bellen völlig abzugewöhnen, würde bedeuten, ihm eine seiner Kommunikationsmöglichkeiten zu nehmen. Bevor man sich also daran macht, auf seinen Hund wegen seines möglicherweise übermäßigen Bellens einzuwirken, sollte man zunächst einmal herausfinden, ob der Hund tatsächlich zu viel bellt und wenn ja, was der Grund für das Bellen ist.

Ein Hund bellt nicht nur dann unangebracht, wenn er dies besonders langanhaltend tut, sondern auch, wenn er in den falschen Situationen bellt. Ein Hund, der jeden Passanten verbellt, der am Grundstück vorbeigeht, stört seine Umwelt, auch wenn dies nur dreimal am Tag vorkommt. Bellen kann also ein Problem darstellen, wenn es zu häufig und langandauernd ist, aber auch wenn es fehl am Platz ist.

## Protokoll erstellen

Um herauszufinden, ob das Bellverhalten Ihres Hundes sich im normalen Bereich befindet oder ob es übertrieben ist, sollten Sie Ihren Hund genau beobachten.

Um dabei möglichst objektiv zu bleiben, sollten Sie ein Protokoll führen. Dadurch bekommen Sie einen guten Überblick darüber, zu welchen Zeiten Ihr Hund bellt, was der Auslöser für sein Bellen ist und wie lang die einzelnen Bellphasen sind.

Meistens erkennt man schon nach einigen Tagen, ob der Hund tatsächlich zu viel bellt und was ihn dazu veranlasst oder ob man die Situation vielleicht einfach nur falsch wahrgenommen hat.

Am Ende dieses Kapitels finden Sie ein vorgefertigtes Beispielformular für die Protokollierung des Bellverhaltens Ihres Hundes.

# Unterschiedliche Bellprobleme und die richtigen Vorgehensweisen

Bellprobleme können unterschiedliche Ursachen haben.

## Bellen aus Langeweile

Einer der Hauptgründe, warum Hunde sich in Dauergebell ergehen, ist Langeweile. Hunde, denen keine Möglichkeit geboten wird, sich zu beschäftigen, bringen sich manchmal mit andauerndem Bellen durch den Tag. Wir alle wissen, wie quälend Langeweile sein kann. Für Hunde, die sich langweilen, ziehen sich die Stunden schier endlos dahin. Sie sehen keinen anderen Ausweg, als durch Dauerbellen etwas Ablenkung in ihr monotones Leben zu bringen.

### Abhilfe

*Bewegung*

Sorgen Sie dafür, dass Ihr Hund regelmäßig ausreichend lange Spaziergänge und Spieleinlagen bekommt und geistig gefordert wird. Gehen Sie mit Ihrem Hund für eine gute Stunde spazieren, bevor Sie ihn länger als vier Stunden allein lassen.

*Beschäftigung*

Lassen Sie Ihrem Hund etwas, womit er sich beschäftigen kann, wenn er alleine ist. Es gibt einige sehr gute Spielzeuge auf dem Markt, die dazu beitragen können, Ihren Hund zu unterhalten. Man kann Sie mit Futter füllen und der Hund muss ein bisschen Anstrengung aufbringen, um an die Leckerbissen zu kommen. Achten Sie immer darauf, dass Spielzeuge, die Sie Ihrem Hund geben, ungefährlich sind und ihn nicht verletzen können. Tennisbälle oder ähnliche Dinge sind nicht geeignet.

*Abwechslung*

Schaffen Sie Abwechslung. Kein Hund beschäftigt sich gerne Tag ein Tag aus mit den gleichen Dingen. Entwickeln Sie eine Art Rotationssystem für Spielzeuge. Stellen sie immer unterschiedliche Spielzeuge zur Verfügung. Räumen Sie die Spielzeuge, die er gerade nicht haben soll, weg.

*Gesellschaft*

Verbringen Sie so viel Zeit wie möglich mit Ihrem Hund. Hunde sind soziale Tiere. Sie brauchen das Gefühl, etwas mit Ihrem Besitzer gemeinsam zu tun. Spielen Sie mit ihm, trainieren Sie ihn und geben Sie ihm die Gewissheit, dass er nicht allein ist.

## Bellen bei Trennungsangst

Eine weitere Ursache für Dauerbellen kann Trennungsangst sein. Ein Hund, der unter Trennungsangst leidet, zeigt häufig mehrere Symptome, wie zum Beispiel Jaulen oder Heulen, an der Türe kratzen oder in die Wohnung urinieren und oft auch permanentes Bellen. Solche Hunde können es nicht ertragen, allein zu bleiben und reagieren deprimiert, ängstlich oder aufgeregt, wenn sich ihre Besitzer darauf vorbereiten, das Haus zu verlassen beziehungsweise gebärden sich wie verrückt, wenn ihr Herrchen oder Frauchen zurückkehrt.

### Abhilfe

Das Dauerbellen eines Hundes, der unter Trennungsangst leidet, kann erfolgreich gestoppt werden, wenn man seine Angst behandelt. Bestrafung oder Erziehungshilfsmittel, wie Sprühhalsbänder sind nicht geeignet, das Problem dauerhaft zu lösen. Sie beheben möglicherweise das Bellen als Symptom, aber beseitigen nicht die Ursache. Das hat zur Folge, dass der Hund weiter leidet und in seiner Angst womöglich andere störende Verhaltensweisen entwickelt.

Im Kapitel „Trennungsangst“ gehen wir auf diese Problematik ausführlich ein.

## Bellen, um Aufmerksamkeit zu bekommen

Manche Hunde sichern sich die Beachtung ihrer Besitzer durch Gebell. Sobald sich Herrchen oder Frauchen mit etwas anderem als ihm beschäftigt, fordert der Hund die ihm vermeintlich zustehende Aufmerksamkeit durch Bellen ein. Das kann wirklich sehr störend sein. Ein interessantes Telefonat mit einer Freundin, ein Gespräch im Kreis von Gästen oder ein entspanntes Vollbad an einem kalten Winterabend gehören für den Besitzer eines solchen Hundes der Vergangenheit an.

Diese Hunde haben gelernt, dass sie Aufmerksamkeit bekommen, wenn sie bellen. Häufig geschieht das schon im Welpenalter. Sobald der süße, kleine Kerl mit seinem Ministimmchen kläfft, gehen seinen Besitzern die Herzen auf und er wird beachtet, gestreichelt und verwöhnt. Aber auch erwachsene Hunde lernen sehr schnell, ihre Halter zu manipulieren. Wenn sie feststellen, dass Bellen ihnen Beachtung verschafft, speichern sie das unter der Rubrik „erfolgreiches Verhalten“ ab.

Hunde lernen durch Versuch und Irrtum. Ein Verhalten, dass keinen Vorteil bringt, wird unterlassen, wohingegen ein Verhalten, dass die erwünschte Wirkung hat, nicht nur beibehalten, sondern auch in anderen Situationen auf seine Tauglichkeit getestet wird. Sobald der Hund merkt, dass sein Gebell ihm die Aufmerksamkeit verschafft, die er sich erhofft, wird er dieses erfolgreiche Verhalten weiter einsetzen. Bellen um Aufmerksamkeit zu bekommen, ist daher ein sogenanntes erlerntes Verhalten.

Zeigt Ihr Hund eines oder mehrere der nachfolgenden Verhalten? Wenn ja, sind das Anzeichen dafür, dass Ihr Hund bellt, um Aufmerksamkeit zu bekommen.

- Fordert er Beachtung auf verschiedene Arten (Bellen, Anstupsen, Pföteln, Spielzeug bringen usw.), wenn Sie sich mit etwas anderem als ihm beschäftigten?
- Steigert er seine Versuche, Aufmerksamkeit zu bekommen, wenn er ignoriert wird?
- Kann er unterscheiden, in welchen Situationen seine Forderungen aussichtslos sind, zum Beispiel nachts zur Schlafenszeit und wann er Beachtung finden wird? In aussichtslosen Situationen verhält sich Ihr Hund ruhig.
- Bellt er in Ihrer Abwesenheit auf eine fordernde Art, meistens mit kurzen Pausen, um zu prüfen, ob er gehört wird?

### Abhilfe

Sorgen Sie dafür, dass Ihr Hund sich nicht langweilt. Ihr Hund sollte, seinem Charakter und seiner Konstitution entsprechend, genug Auslauf und geistige Beschäftigung bekommen. Ein Hund, der Aufmerksamkeit fordert, ist oft nicht ausgelastet.

Wenn Ihr Hund bellt, um Ihre Aufmerksamkeit zu erhalten, müssen Sie ihm zu verstehen geben, dass Sie ihn zwar wahrgenommen haben, aber seiner Forderung nicht nachkommen werden. Dazu verhalten Sie sich folgendermaßen: Ihr Hund bellt, Sie schauen ihn ganz kurz an und schauen sofort wieder weg. Ignorieren Sie dann alle weiteren Versuche Ihres Hundes, Ihre Aufmerksamkeit zu bekommen, vollkommen. Um Ihren Standpunkt zu unterstreichen, sollten Sie auch den Kopf wegdrehen und sogar den Raum verlassen

Schenken Sie Ihren Hund Aufmerksamkeit, wenn er sich ruhig verhält und kein forderndes Verhalten zeigt. Rufen Sie ihn zu sich und loben und streicheln Sie ihn, wenn er Ruhe gibt. Oder rufen Sie ihn und gehen Sie mit ihm auf schönen Spaziergang. Überraschen Sie Ihren Hund, indem Sie ihm einfach zwischendurch einmal im Vorbeigehen ein Leckerchen auf seinen Platz fallen lassen, wenn er dort ruhig liegt.

Lassen Sie Ihren Hund immer erst einen Befehl ausführen, bevor Sie etwas mit ihm machen (z. B. Füttern, Leine anlegen oder Spielen). Sagen Sie beispielsweise den Befehl „Sitz“ und erst wenn Ihr Hund sitzt, führen Sie die geplante Handlung aus. Das hält ihn geistig gefordert.

## Angstbellen

Jedes Säugetier, ob Mensch oder Tier, kann Angst empfinden, so auch unsere Hunde. Hunde, die vor etwas Angst haben, sei es vor einem Geräusch, einem Gegenstand oder einem Menschen, empfinden in diesem Moment starken Stress und äußern ihr Missbefinden manchmal durch aufgeregtes Bellen. Wenn Sie vermuten, dass Ihr Hund ein Angstproblem haben könnte, sollten Sie das Kapitel „Angstprobleme“ lesen. Dort finden Sie auch ausführliche Informationen, wie Sie erkennen können, ob Angst wirklich das Problem Ihres Hundes ist.

Wenn ein Hund aus Angst bellt, sollte man auf keinen Fall mit ihm schimpfen oder ihn bestrafen. Auch Beruhigungsversuche, wie Streicheln oder gutes Zureden, sind nicht geeignet, die Lage zu verbessern. Verlassen Sie mit Ihrem Hund die angstauslösende Situation, machen Sie einen Bogen um den Angst einflößenden Gegenstand und zwingen Sie Ihren Hund nicht, in der Situation zu verbleiben. Bewegen Sie Ihren Hund fort aus der Umgebung des angstauslösenden Objekts.

### Abhilfe

Ein Hund, der aus Angst bellt, kann von seinem Bellenproblem kuriert werden, wenn er von seiner Angst befreit wird. Dazu geht man sehr behutsam vor, indem man den Hund langsam und schrittweise an das gewöhnt, was ihm Angst macht. Die Vorgehensweisen aus dem Kapitel „Angstprobleme“ sind auch dazu geeignet, gegen die Angst eines Hundes vorzugehen, der aus Angst bellt.

## Dauergebell bei Aufregung oder Freude

Diese Art des Bellens tritt häufig auf, wenn der Hund etwas Interessantes sieht, aber es nicht erreichen kann. Dabei kann es sich um kleine Tiere, Bälle, Menschen oder andere Hunde handeln. Welpen beginnen etwa ab dem fünften Lebensmonat aus Freude oder Aufregung zu bellen.

Die Grundstimmung eines Hundes, der aus Freude bellt, ist fröhlich. Er ist ausgelassen und wirkt verspielt. Er springt herum oder er fordert zum Spiel auf, indem er seinen Vorderkörper herunter beugt und eine „lächelnde“ Mimik zeigt. Seine Nackenhaare sind nicht gesträubt und der Schwanz ist nicht steif weggestreckt.

Natürlich ist es schön, seinen Hund in guter Stimmung zu sehen, aber auch Freudengebell kann die Nerven strapazieren, wenn der Hund gar nicht mehr damit aufhören will.

Was Sie aber, auch wenn es Ihnen reicht, trotzdem nicht tun sollten:

Vermeiden Sie es auf jeden Fall, Ihren Hund zu bestrafen oder zu auszuschimpfen, wenn er vor Aufregung bellt. Sie laufen sonst Gefahr, dass er den Auslöser für sein Gebell negativ besetzt. Wenn Ihr Hund zum Beispiel immer vor Freude bellt, sobald er rennende Kinder sieht, könnte es passieren, dass er die Bestrafung mit rennenden Kindern assoziiert und zukünftig nicht mehr freudig, sondern aggressiv auf sie reagiert.

Ebenso wenig sollten Sie Ihren Hund streicheln, in der Hoffnung, ihn zu beruhigen. Das bestärkt ihn nämlich in seinem Verhalten und er glaubt, dass sein Bellen erwünscht ist.

### Abhilfe

Was kann man also gegen diese Form des übermäßigen Bellens tun?

#### *Ruhe bewahren*

Bleiben Sie selbst ruhig. Das Toben Ihres Hundes sorgt an sich schon für eine ganze Menge Aufregung. Indem Sie selber ruhig bleiben, erleichtern Sie Ihrem Hund, wieder von seinem erhöhten Stresslevel herunterzukommen.

#### *Aufregung nach Möglichkeit vermeiden*

Versuchen Sie möglichst, die Quellen für die Aufregung zu vermeiden. Sollte Ihr Hund beispielsweise beim Spielen in einen Zustand der übermäßigen Erregung geraten und anfangen zu bellen, stoppen Sie das Spiel sofort, bis er wieder ruhig geworden ist.

#### *Alternatives Verhalten einstudieren*

Geben Sie Ihrem Hund eine Alternative zum Bellen. Üben Sie ein Ersatzverhalten mit ihm, zunächst ohne Ablenkung, später mit Ablenkung. Das Ersatzverhalten kann beispielsweise der Befehl „Sitz“ mit Blickkontakt sein. Wie Sie dabei vorgehen können, wird im Kapitel „Grunderziehung“ beschrieben. Reagiert Ihr Hund zuverlässig auf diesen Befehl, können Sie ihn anwenden, wenn Ihr Hund aufgeregt ist. Sie geben Ihrem Hund so die Gelegenheit, sich für einige Momente auf etwas anderes zu konzentrieren als auf den Auslöser für das Bellen, so dass sein Erregungslevel sich wieder senken kann.

## Warnbellen

Hunde bellen, um den Rest des Rudels vor einer drohenden Gefahr zu warnen. Das ist eine, auch für den Menschen, sehr nutzbringende Eigenschaft. Viele Hunde bellen einmal oder mehrmals kurz, wenn sich jemand an der Haustür befindet, das Grundstück betritt oder ein anderes ungewöhnliches Geräusch ertönt. Dies ist eine Mitteilung an sein menschliches Rudel, dass etwas Bemerkenswertes, möglicherweise Bedrohliches, geschieht. Warnbellen hat nichts mit territorialem Verteidigungsbellen zu tun und hat keinen aggressiven Unterton.

Als Hundebesitzer sollte man dieses kurze Bellen nicht ignorieren, sondern dem Hund zu verstehen geben, dass man seine Warnung gehört hat. Hunde, deren Warnbellen ignoriert oder womöglich sogar bestraft wird, bellen oft lang anhaltend, um zu erreichen, dass eine Reaktion auf ihre Warnung erfolgt. Auf diese Weise erzieht man seinen Hund zu einem Dauerkläffer.

### Abhilfe

Beachten Sie die Warnung Ihres Hundes. Aus seiner Sicht ist es richtig, für die Sicherheit des Rudels zu sorgen. Stehen Sie ruhig auf und schauen Sie, warum Ihr Hund Sie warnt. Stellen Sie sich zwischen Ihren Hund und den Auslöser für das Bellen.

Wenn Ihr Hund zum Beispiel warnt, wenn jemand an der Tür ist, gehen Sie zur Tür, um nachzusehen. Stellen Sie sich zwischen Ihren Hund und die Tür. Halten Sie als Handzeichen die Handfläche einer Ihrer Hände in Richtung Ihres Hundes und sagen Sie „Genug". Bleiben Sie in einer freundlichen und entspannten Tonlage, so dass gar nicht erst der Eindruck von Aufregung bei Ihrem Hund entsteht. Sobald er aufhört zu bellen, loben und belohnen Sie ihn für sein ruhiges Verhalten mit einem Leckerchen. Falls er auf „Genug" mit Handzeichen noch nicht reagiert, zeigen Sie ihm das Leckerchen. Wenn der Hund dann aufhört zu bellen, sagen Sie „Genug" in Verbindung mit dem Handzeichen, warten noch eine Sekunde und geben ihm den Leckerbissen.

Mit der Zeit wird der Hund lernen, dass „Genug" in Verbindung mit der in seine Richtung gerichteten Handfläche bedeutet, dass er nicht mehr bellen soll und Sie können diesen Befehl auch in anderen Situationen anwenden.

So zeigen Sie Ihrem Hund, dass Sie die Kontrolle übernommen haben. Nach kurzer Zeit wird Ihr Hund lernen, dass Sie die Situation selber im Griff haben und Ihnen die Führung überlassen.

## Territoriales Bellen an Reviergrenzen

Bellen am Gartenzaun oder wenn ein Passant an der Wohnungstür vorbeigeht, ist ein besonderes Problem, da es ein selbstbelohnendes Verhalten ist. Immer wenn der Hund bellt, entfernt sich der Auslöser für das Bellen. Natürlich liegt das nicht daran, dass der Hund gebellt hat. Die Person wollte ja ohnehin nur am Grundstück oder der Wohnung vorbeigehen. Der Hund glaubt aber, dass er den Passanten durch sein Bellen vertrieben hat.

Diese Form der Revierverteidigung ist für viele Passanten äußerst beängstigend, da sie sich meistens sehr erschrecken und Angst haben, der Hund könnte sie womöglich erreichen und beißen. Man sollte also schon allein aus Rücksichtnahme etwas gegen das Bellen seines Hundes unternehmen beziehungsweise ihn daran hindern, Menschen zu bedrohen.

### Woran erkenne ich, dass mein Hund Revierbellen zeigt?

- Ihr Hund bellt auf abschreckende Weise, wenn sich Menschen, Autos oder andere Tiere seiner Reviergrenze (Garten, Wohnung o.ä.) nähern oder wenn Ihr Hund diese hört.
- Er hört auf zu bellen, wenn der Auslöser sich wieder entfernt.

- Er zeigt dieses Verhalten auch, wenn er allein ist.

**Was kann ich dagegen tun?**

- Sichern Sie den Gartenzaun, so dass niemand gefährdet wird.
- Versuchen Sie, Ihren Hund von den auslösenden Reizen fernzuhalten (Fenster schließen, nicht allein in den Garten lassen).
- Belohnen Sie Ihren Hund immer, wenn er bei einem Auslöser (z.B. Auto, Passant) nicht bellt.
- Laufen Sie nicht sofort los, um zu sehen, warum Ihr Hund bellt. Sie belohnen sonst sein Verhalten, weil Sie ihm Aufmerksamkeit schenken.
- Bringen Sie ihm den „Aus"-Befehl bei. Ihr Hund muss dafür die Befehle aus dem Kapitel „Grunderziehung" beherrschen lernen, falls er das noch nicht kann. Im nachfolgenden Abschnitt wird beschrieben, wie Sie dabei vorgehen müssen.

# Ratschlag: Dem Hund beibringen, das Bellen auf Kommando zu beenden

Dem Hund beizubringen, sein Bellen auf Befehl zu beenden, ist ein sehr nützlicher Befehl, besonders dann, wenn der Hund ein konkretes Bellproblem hat. Allerdings bekommt man das Problem mit diesem Befehl allein nicht immer in den Griff, denn Hunde haben in der Regel einen Grund, warum sie bellen. Wenn man ihnen einfach nur verbietet zu bellen, werden sie versuchen ihr „Problem" auf andere Weise zu lösen.

Außerdem sind Hunde, die ein konkretes Bellproblem haben, meistens so aufgeregt, dass sie auf das Kommando nicht reagieren können. Wenn Sie jedoch bereits erste Schritte eingeleitet und den Grund für das Bellproblem gemindert haben, ist der Hund meistens schon viel zugänglicher und kann auf das Kommando hören.

Damit man seinem Hund in Zukunft den Befehl geben kann, mit seinem Gebell aufzuhören, muss man ihm erst einmal begreiflich machen, was man überhaupt von ihm will. Dafür bringt man seinem Hund zuerst einmal bei, auf Kommando zu bellen. Sobald er das verstanden hat, lehrt man ihn, auf Befehl wieder damit aufzuhören.

## Man geht dabei folgendermaßen vor:

Binden Sie Ihren Hund mit seiner Leine an einen Pfosten oder eine andere stabile Stelle, so dass er während des Trainings nicht fortlaufen oder das während der Übung dargebotene Leckerchen nicht erreichen kann.

### Schritt eins:

Nehmen Sie ein Leckerchen in Ihre Hand und halten Sie es vor Ihren Hund, aber gerade nur so nahe, dass er es nicht erreichen kann. Ihr Hund wird versuchen, irgendwie an das Objekt der Begierde heranzukommen. Weil ihm das nicht gelingt, wird er irgendwann vor lauter Hilflosigkeit anfangen zu bellen. Das ist Ihr Moment zu handeln! Sobald er bellt, geben Sie ihm das Kommando „Gib Laut“ und geben ihm das Leckerchen. Wiederholen Sie diesen Vorgang mehrmals am Tag für einige Tage. Mit der Zeit verknüpft Ihr Hund den Befehl „Gib Laut“ mit dem Bellen.

Sobald er das begriffen, hat geben Sie ihm den Befehl „Gib Laut“, ohne ihm das Leckerchen vorher zu zeigen. Belohnen Sie Ihren Hund ab jetzt nur noch dann mit einem Leckerchen, wenn Sie zuvor das Kommando zum Bellen gegeben haben. Keinesfalls sollten Sie ihm den Leckerbissen geben, wenn Ihr Hund von alleine anfängt zu bellen. Er soll ja lernen, auf Kommando zu bellen. Wiederholen Sie diese Übung mehrmals täglich für einige Tage und belohnen Sie Ihren Hund immer, sobald er auf Befehl bellt.

### Schritt zwei:

Nun, da Ihr Hund verstanden hat, auf Kommando zu bellen, soll er lernen, auf Befehl ruhig zu sein. Geben Sie Ihrem Hund das Kommando „Gib Laut“. Sobald er bellt, bringen Sie ein Leckerchen so in seine Nähe, dass er aufhören muss zu bellen, weil er es sich nehmen möchte. In genau dem Moment, wo er ruhig ist, sagen Sie „Genug“ und richten gleichzeitig als Handzeichen Ihre Handfläche in Richtung des Hundes. Geben Sie ihm zeitgleich ein Leckerchen, das Sie in der anderen Hand versteckt gehalten haben. Auch diese Übung wird mehrmals am Tag für einige Tage wiederholt. Mit der Zeit begreift Ihr Hund, dass der „Genug“-Befehl bedeutet, dass er ruhig sein soll.

Sobald er das verstanden hat, machen Sie diese Übung zwar wie zuvor weiter mit ihm, aber zögern Sie ab jetzt eine Sekunde, später zwei dann drei Sekunden, bevor Sie ihm das Leckerchen nach dem „Genug“-Befehl geben.

Wenn Ihr Hund diese Übung beherrscht, sollten Sie an unterschiedlichen Orten üben, damit er versteht, dass der „Genug“-Befehl mit dem Handzeichen überall gilt. Später wird es wahrscheinlich sogar ausreichen, nur das Handzeichen einzusetzen, um Ihren Hund zur Ruhe zu bringen.

Ihr Hund hat jetzt verstanden, dass „Genug“ plus Handzeichen bedeutet, dass er aufhören soll zu bellen. Sie können dieses Kommando jetzt in Situationen anwenden, in denen Ihr Hund zu viel bellt.

## Bellprotokoll

| Datum | Uhrzeit | Belldauer | Ort | Auslöser |
|---|---|---|---|---|
| | | | | |

# Anspringen

Viele Menschen glauben, es sei ein Zeichen der Freude, wenn Hunde sie zur Begrüßung anspringen. Leider stimmt das nicht so ganz. Hunde äußern Freude eher durch Wedeln mit dem Schwanz und aufgeregtes Hin-und-her-Laufen, aber nicht durch Anspringen.

Die meisten Menschen mögen es zu Recht überhaupt nicht, wenn ein Hund sie anspringt. Sie erschrecken sich oder der Hund beschmutzt ihre Kleidung. Große Hunde können Menschen durch Anspringen zu Fall bringen. Besonders Kinder und ältere Menschen, die nicht so standfest sind, laufen Gefahr, umgeworfen zu werden.

Anspringen ist im Übrigen ein sehr unhöfliches Verhalten. Außerdem haftet man als Halter, wenn dadurch jemand verletzt wird oder einen psychischen Schaden erleidet.

Stellen Sie sich einmal vor, ein wildfremder Mensch käme auf Sie zu und würde Ihnen zur Begrüßung erst einmal die Hände auf die Schultern legen und womöglich sogar noch über das Gesicht lecken. Dagegen würden Sie sich doch ganz sicherlich verwahren. Hunde müssen lernen, dass sie Menschen nicht anspringen dürfen und dieses Verhalten nur bei Artgenossen erlaubt ist.

## Es gibt zwei Hauptgründe für das Anspringen

### Zur Begrüßung

Rangniedrigere Hunde lecken den ranghöheren Tieren zur Begrüßung über die Schnauze. Wenn Hunde an Menschen hoch springen, versuchen sie an den Mund des Menschen zu kommen, um ihn auf Hundeart zu begrüßen.

### Das Verhalten wurde belohnt

Familienmitglieder und Fremde belohnen Hunde immer wieder unabsichtlich für das Anspringen. Die häufigste Situation ist, dass Menschen einen Hund freundlich begrüßen, obwohl er sie gerade anspringt. Oder der Hund bekommt seinen Futternapf trotzdem, obwohl er ungeduldig an seinem Halter hochspringt. Eine typische Situation ist auch, dass der Hund seinen Halter immer wieder anspringt, bevor beide zum Gassi gehen.

Meistens interpretieren Menschen das Anspringen falsch und belohnen den Hund ungewollt für sein unhöfliches Verhalten, indem sie ihn streicheln oder ihm geben, was er gerade fordert.

## Dem Hund das Anspringen abtrainieren

Dem Hund das Anspringen abzugewöhnen ist eigentlich ganz einfach. Es erfordert nur ein wenig Konsequenz. Dabei gibt es zwei mögliche Situationen, die Sie beachten sollten:

### Ihr Hund springt Sie an

Sobald Ihr Hund Sie anspringt, drehen Sie sich so schnell wie möglich wortlos um und gehen drei oder vier Schritte von ihm weg.

Sobald alle vier Pfoten den Boden wieder berühren, drehen Sie sich sofort wieder zu Ihrem Hund um und loben ihn. Geben Sie ihm zur Belohnung ein Leckerchen, das Sie für diesen Zweck in der Tasche haben sollten.

Achten Sie darauf, keinerlei Gefühlsäußerungen, wie Seufzen, Stöhnen oder andere Unmutsäußerungen zu zeigen, wenn Sie sich umdrehen und weggehen. Schweigen Sie und ignorieren Sie Ihren Hund, bis seine Pfoten wieder auf dem Boden sind.

Bleiben Sie konsequent. Ihr Hund kann nicht unterscheiden, ob Sie das schöne Abendkleid tragen und er Sie deswegen nicht anspringen darf oder ob es der Arbeitsanzug ist, bei dem es egal ist, wenn er ein bisschen schmutzig wird. Wenn Sie Ihrem Hund das Anspringen abgewöhnen möchten, funktioniert das nur, wenn es ab sofort immer verboten ist.

## Ihr Hund springt andere an

Bis man Besuchern oder Passanten erklärt hat, dass sie den Hund nicht streicheln und begrüßen dürfen, wenn er sie anspringt, ist es meistens schon zu spät. Der Hund hat die betreffende Person bereits angesprungen und ist sehr nett begrüßt worden. Dumm ist nur, dass Ihre ganzen Erziehungsversuche zunichte gemacht werden, wenn Ihr Hund für sein Anspringen von anderen gelobt wird.

Zum Glück gibt es für diese Situation eine ganz simple Lösung. Halten Sie Ihren Hund zunächst immer an der Leine, wenn Sie auf andere Menschen treffen könnten oder Besuch erwarten.

Sobald sich jemand nähert, halten Sie das Ende der Leine mit der von Ihrem Hund abgewandten Hand fest. Die Mitte der Leine lassen Sie locker durchhängen, bis sie den Boden berührt. Wenn sich eine Anspringsituation ergibt, treten Sie schnell mit einem Fuß auf das durchhängende Stück der Leine. Ihr Hund ist dadurch auf eine Weise eingeschränkt, die verhindert, dass er hoch springen kann. So behalten Sie die Kontrolle über Ihren Hund. Wenn er nämlich versucht, den Passanten anzuspringen, kann er nicht nach oben, weil er durch die Leine daran gehindert wird. Sobald er keine Versuche mehr macht zu springen, loben Sie ihn und belohnen mit einem Leckerchen.

Mit der Zeit versteht Ihr Hund, dass es sich für ihn lohnt, wenn alle vier Pfoten auf dem Boden bleiben.

# Kot fressen (Coprophagie)

Kot fressen ist kein seltenes Verhalten bei Hunden. Trotzdem sollte man seinen Hund von einem Tierarzt untersuchen lassen, bevor man versucht, es ihm abzugewöhnen, da es einige medizinische Gründe für die Coprophagie gibt.

### Medizinische Gründe für Coprophagie

Jedes medizinische Problem, das die Aufnahme von Nährstoffen vermindert, kann dazu führen, dass Hunde Kot fressen. Möglicherweise hat der Hund Parasiten oder ihm fehlen notwendige Verdauungsenzyme. Vielleicht ist seine Nahrung schlecht verdaulich oder er bekommt zu wenig Nahrung. Auch Krankheiten wie Diabetes oder Schilddrüsenprobleme können der Grund für Coprophagie sein.

### Verhaltensbedingte Gründe für Coprophagie

Manche Welpen fressen Kot, verlieren diese Gewohnheit jedoch wieder, wenn sie erwachsen sind.

Es gibt unterschiedliche Theorien zur Erklärung, warum Hunde Kot fressen, beispielsweise Nachahmen der Mutterhündin, ungewolltes Belohnen oder falsche Methoden bei der Erziehung zur Stubenreinheit (Nase in den Kot drücken, wenn der Hund in die Wohnung gemacht hat). Aber eine tatsächlich fundierte wissenschaftliche Erkenntnis gibt es bisher noch nicht.

## Warum fressen manche Hunde den Kot anderer Tiere?

Hunde fühlen sich generell durch Kot nicht abgestoßen. Sie schnüffeln daran, um die Merkmale der anderen Hunde zu ergründen oder wälzen sich darin, um Duftmarken aufzunehmen. Die Ausscheidungen mancher Tiere können wegen ihrer Beschaffenheit oder ihres Geruchs auf Hunde so attraktiv wirken, dass sie sie fressen.

# Wie kann man dem Hund die Coprophagie abgewöhnen?

- Verhindern Sie, dass Ihr Hund Zugang zu Kothaufen hat.
- Reinigen Sie alles, was Ihr Hund benutzt und worauf er schläft, gründlich und regelmäßig.
- Halten Sie Ihren Hund unter permanenter Aufsicht, wenn Sie mit ihm unterwegs sind.
- Halten Sie Ihren Hund an der Leine, wenn Sie an Orten sind, wo andere Hunde ihr Geschäft verrichten.

Ihr Hund sollte grunderzogen sein, damit Sie ein Training mit ihm machen können. Falls er noch nicht zuverlässig auf Zuruf zu Ihnen kommt, sollten Sie das mit ihm üben. Weiterhin sollte er die Befehle „Hier“ und „Sitz“ kennen und ausführen können. Die Anleitungen, wie Sie Ihrem Hund diese Befehle beibringen, finden Sie im Kapitel „Die Grunderziehung“.

# Training

Sobald Ihr Hund an einem Kothaufen schnüffelt, müssen Sie ihn dabei unterbrechen, indem Sie ihn zu sich rufen. Wenn er bei Ihnen eingetroffen ist, geben Sie ihm den Befehl „Sitz“. Sitzt Ihr Hund schön brav vor Ihnen, dann loben Sie ihn und geben ihm ein ganz besonders beliebtes Leckerchen.

Bleiben Sie konsequent. Mit der Zeit wird Ihrem Hund dieses Verhalten in Fleisch und Blut übergehen. Er wird von ganz allein zu Ihnen kommen, wenn er Kot bemerkt und Sie können wieder entspannt mit ihm spazieren gehen.

# Betteln

Hunden, die bei Tisch betteln, kann man oft nur schwer widerstehen. Ihr Gesichtsausdruck wird mit einem Mal so niedlich, dass man ihnen hier oder da doch ein Häppchen vom Tisch gibt.

Viele Hundehalter glauben, dass es nicht schadet, wenn sie ihren Hund während der Mahlzeiten füttern. Das ist ein großer Fehler.

## Warum man nicht nachgeben sollte, wenn der Hund bettelt

Indem Sie dem Betteln des Hundes nachgeben, bestärken Sie ihn in seinem Verhalten. Anfangs ist es wahrscheinlich noch niedlich, wenn der Hund mit großen unschuldigen Augen vor dem Tisch sitzt, aber mit der Zeit kann es zur Plage werden. Sobald Sie seinem Betteln nämlich nicht mehr nachgeben, wird der Hund anfangen, seine kleinen Leckerbissen einzufordern. Dann beginnt das eigentliche Problem. Der Hund beginnt zu winseln, zu bellen, zu pföteln, zu springen oder fordert auf andere Weise sein vermeintliches Recht. Es ist wirklich schwer, ein Essen zu genießen, wenn ein winselnder Hund neben dem Tisch sitzt.

Hinzu kommt, dass vieles, was wir Menschen verzehren, nicht für Hunde geeignet ist und ihnen schlecht bekommen kann. Die meisten Hunde fressen fast alles, aber das bedeutet nicht, dass das, was sie vom Tisch bekommen, auch unbedingt gesund für sie ist. Viele Hunde sind übergewichtig und Häppchen vom Tisch können dazu beitragen, dass sie zunehmen.

Wenn man dem Betteln nicht Einhalt gebietet, kann es sogar so weit kommen, dass der Hund sein vermeintliches Recht durch drohendes Knurren einfordert.

# Sofortmaßnahmen, wenn der Hund bettelt

Geben Sie dem Betteln auf keinen Fall mehr nach. Informieren Sie Ihre Familie und Freunde ebenfalls, damit der Hund auch von anderen nichts mehr vom Tisch bekommt.

Füttern Sie Ihren Hund immer erst nachdem die Familie gegessen hat.

Geben Sie Ihrem Hund eine gute Grunderziehung, siehe Teil 1 „Die Grunderziehung", und machen Sie regelmäßige Gehorsamkeitsübungen mit ihm, damit sein Gehorsam verbessert wird.

Legen Sie ihn auf seinem Platz ab, während Sie essen. Wenn Ihr Hund nicht auf seinem Platz bleibt, bringen Sie ihn in ein anderes Zimmer, bis die Mahlzeit vorüber ist und belohnen Sie ihn, wenn er dort ruhig geblieben ist. (Nachdem er grunderzogen wurde und auf seinem Platz bleibt, braucht er nicht mehr in ein anderes Zimmer gebracht zu werden.)

# Wenn der Hund an der Leine zerrt

Wenn der Hund während des Gassigehens an der Leine zerrt, ist das überaus störend. Mitunter kann es zu einer richtigen Belastung werden und so manchen Spaziergang ruinieren. Glücklicherweise lässt sich dagegen etwas machen.

## 1. Sofortmaßnahme: Immer stehen bleiben, wenn der Hund zieht

An der Leine zu zerren ist ein sogenanntes „selbstbelohnendes" Verhalten. Das bedeutet, der Hund wird automatisch belohnt, wenn er an der Leine zerrt, da er immer dorthin kommt, wo er hin möchte. Das führt dazu, dass er dieses Verhalten immer wieder an den Tag legt. Zu Beginn bemerkt man das als Hundehalter meistens gar nicht.

Ein Beispiel: Sie sind abmarschbereit für einen erbaulichen Spaziergang mit Ihrem Hund. Ihr Hund ist auch schon angeleint. Da fällt ihnen ein, dass Sie noch kurz auf Ihrem Handy nachschauen möchten, wie spät es ist. Dazu bleiben Sie stehen und halten mit einer Hand die Hundeleine fest. Genau in diesem Moment zieht Ihr Hund an der Leine, weil er ungeduldig wird und endlich los möchte. Die Leine strafft sich. Währenddessen haben Sie auf Ihrem Handy die Uhrzeit ermittelt und stecken es wieder weg. Die Leine ist immer noch gespannt. Jetzt kann der Spaziergang beginnen und Sie und Ihr Hund marschieren gemeinsam los.

Was Ihr Hund denkt, als es „endlich" losgeht: „Gott, war das Ziehen anstrengend. Ich hatte schon befürchtet, der Spaziergang fällt aus. Aber durch das Ziehen habe ICH zum Glück erreicht, dass wir doch noch losgegangen sind."

Ihr Hund hat also festgestellt: Wenn er zieht, kommt er dorthin, wo er hin möchte. Das merkt er sich und wird in Zukunft noch mehr ziehen, weil das ja offenbar gut funktioniert. Immer wenn er zieht, wird irgendwann nachgegeben. Sein Verhalten ist also erfolgreich. Ein klassischer Teufelskreis.

Um dem entgegenzuwirken, müssen Sie immer sofort stehen bleiben, wenn Ihr Hund an der Leine zieht! Mit der Zeit lernt er dann nämlich, dass das bisher erfolgreiche Ziehen nicht mehr funktioniert und er nicht mehr vorwärts kommt.

Häufig sind Hunde hier äußerst starrsinnig, besonders wenn Sie schon über einen längeren Zeitraum hinweg durch Ziehen an die Stellen gekommen sind, wo sie hin wollten. Sie geben dann nicht so schnell auf. Wir beschreiben später noch genau, was Sie tun müssen, wenn Sie stehen bleiben, sobald Ihr Hund an der Leine zerrt.

Aber vorerst sollten Sie sich sich einfach als Grundsatz merken, immer stehen zu bleiben, wenn der Hund zieht und auch nicht weiter zu gehen, bis er aufgehört hat zu ziehen.

# 2. Dem Hund beibringen, an der lockeren Leine zu gehen

Die Situation: Der Hund zerrt, Sie bleiben stehen und der Hund zerrt einfach weiter. Das kann teilweise mehrere Minuten bis hin zu einer halben Stunde oder länger dauern. Meistens gibt der Mensch dann irgendwann als erster nach.

Glücklicherweise muss man diese Zerrmachtkämpfe nicht gewinnen, um seinem Hund das Zerren abzugewöhnen. Stattdessen bringen wir ihm bei, auf Kommando an der lockeren Leine neben uns her zu gehen. Zum Üben empfehlen wir einen Schritt täglich und die Übung auf zwei Übungseinheiten pro Tag zu verteilen, da man sonst zu viel von seinem Hund verlangt.

## Schritt 1: Das Signalgeräusch geben und der Hund soll sich umdrehen

Der erste Schritt ist recht einfach. Sie erzeugen ein bestimmtes Signal, was den Hund dazu veranlassen soll, sich auf Sie zu konzentrieren. Ein gut geeignetes Signal ist zum Beispiel ein ganz bestimmtes Geräusch, das schnell und einfach zu machen ist. Wir empfehlen das Schnippen mit dem Finger.

Der Hund wird sich gerne auf Sie konzentrieren, wenn etwas Positives auf das Signalgeräusch folgt. Dazu müssen Sie Ihren Hund, sobald er sich nach dem Signalgeräusch umdreht, loben und belohnen.

**Vorgehensweise:**

Wählen Sie eine ablenkungsfreie Umgebung für die Übung.

- Halten Sie ein Leckerchen bereit.
- Stellen Sie sich hinter Ihren Hund.
- Erzeugen Sie das Signalgeräusch.
- Sobald Ihr Hund sich umdreht, geben Sie ihm das bereitgehaltene Leckerchen und loben ihn dabei.

Wiederholen Sie diesen Schritt etwa fünfmal. Sollte es noch nicht so richtig klappen, können Sie diesen Schritt auch öfter mit Ihrem Hund üben.

## Schritt 2: Nun soll der Hund lernen, Ihnen zu folgen

In dieser Übung soll Ihr Hund lernen, Ihnen zu folgen, wenn Sie das Signalgeräusch erzeugen.

**Vorgehensweise:**

Wählen Sie wieder eine ablenkungsfreie Umgebung für die Übung.

- Halten Sie ein Leckerchen bereit.
- Machen Sie das Signalgeräusch.
- Sobald Ihr Hund sich umdreht, zeigen Sie ihm deutlich sichtbar das Leckerchen und bewegen sich langsam zwei Schritte rückwärts.
- Wenn er Ihnen folgt, geben Sie ihm das Leckerchen und loben Sie ihn ausgiebig.

Wiederholen Sie diesen Schritt ungefähr dreimal. Nach einer kurzen Pause von etwa 15 Minuten machen Sie weiter mit diesem Schritt, wobei Sie diesmal vier Schritte rückwärts gehen.

## Schritt 3: Diesmal mit Richtungswechsel

Jetzt wird es um einiges schwieriger für Ihren Hund. Das Ziel dieser Übung ist es, ihn dazu zu bringen, Ihnen nicht nur zu folgen, sondern dabei auch noch die Richtung zu wechseln.

**Vorgehensweise:**

Wählen Sie wieder eine ablenkungsfreie Umgebung für die Übung.

- Halten Sie ein schmackhaftes Leckerchen bereit.
- Erzeugen Sie das Signalgeräusch.

- Gehen Sie drei Schritte rückwärts. Sobald der Hund Ihnen folgt, bekommt er wieder ein Leckerchen.
- Erzeugen Sie direkt im Anschluss das Signalgeräusch noch einmal.
- Gehen Sie wieder rückwärts, aber diesmal im 45° Winkel nach rechts oder links. Wenn der Hund Ihnen folgt, bekommt er wieder sein Leckerchen.
- Wiederholen Sie das Signalgeräusch mit Richtungswechsel noch dreimal

Wiederholen Sie Schritt drei noch fünfmal.

## Schritt 4: Von nun an vorwärts

In Schritt vier zeigen wir Ihnen, wie Sie vorwärts gehen können und Ihr Hund Ihnen dabei folgt.

**Vorgehensweise:**

Wählen Sie wieder eine ablenkungsfreie Umgebung für die Übung.

- Stellen Sie sich hinter Ihren Hund.
- Nehmen Sie ein Leckerli gut sichtbar in die Hand.
- Machen Sie das Signalgeräusch.
- Gehen Sie zwei bis drei Schritte vorwärts an Ihrem Hund vorbei. Der Hund sollte das Leckerchen erst sehen können, wenn Sie an ihm vorbeigehen.
- Wenn der Hund Ihnen folgt, geben Sie ihm das Leckerchen und loben ihn ausgiebig.

## Schritt 5: Weiter und immer weiter:

Zwei bis drei Schritte sind ja schon ganz ordentlich, aber längst nicht genug. Jetzt lernt Ihr Hund, Ihnen über weitere Entfernungen zu folgen.

**Vorgehensweise:**

Wählen Sie wieder eine ablenkungsfreie Umgebung für die Übung.

- Stellen Sie sich hinter Ihren Hund.
- Nehmen Sie ein Leckerli gut sichtbar in die Hand.

- Machen Sie das Signalgeräusch
- Gehen Sie zwei bis drei Schritte vorwärts am Hund vorbei. Der Hund sollte das Leckerchen erst sehen können, wenn Sie an ihm vorbeigehen.
- Wenn der Hund Ihnen folgt, geben Sie ihm das Leckerchen, aber ohne dabei stehen zu bleiben.
- Machen Sie beim Laufen wieder das Geräusch und gehen Sie weiterhin vorwärts. Aber ändern Sie dabei die Richtung, mal im 45° Winkel nach rechts oder nach links.
- Wiederholen Sie das Weiterlaufen mit Richtungswechsel und das Geben von Leckerchen drei- bis viermal.

Machen Sie diesen Schritt fünfmal.

## Schritt 6: Nun mit Leine

Von nun an wird jeder Schritt angeleint trainiert.

**Vorgehensweise:**

- Bleiben Sie zunächst weiterhin in einer ablenkungsfreien Umgebung für die Übung.
- Legen Sie Ihrem Hund die Leine an.

Wiederholen Sie Schritt fünf mit dem angeleinten Hund solange, bis es gut klappt.

## Schritt 7: Das richtige Gassigehen wird trainiert

Die Trainingsphase ist nun abgeschlossen. Von nun an üben Sie das Gehen-an-der-lockeren-Leine beim täglichen Gassigehen.

Damit das eigentliche Ziel, nämlich Ihrem Hund beizubringen, immer mit lockerer Leine zu laufen, erreicht wird, müssen Sie bei jedem Gassigehen Folgendes beachten:

- Immer wenn Sie denken, dass die Leine sich gleich spannen wird, erzeugen Sie das Signalgeräusch und belohnen den Hund, wenn er die Leine wieder lockert. Entweder mit einem Leckerchen oder mit stimmlichem Lob, zum Beispiel „Fein gemacht!". Wenn Sie mit Leckerchen belohnen, sollten Sie diese schrittweise reduzieren und stattdessen zum stimmlichen Lob übergehen. Sie können die Gabe von Leckerchen am einfachsten reduzieren, wenn Sie nur noch jedes zweite Mal ein Leckerchen geben, dann nur noch jedes dritte Mal, bis es Leckerchen nur noch als Überraschung gibt.

- Auch wenn Ihr Hund bald schon gewohnheitsmäßig an der lockeren Leine neben Ihnen herläuft, sollten Sie ihm gelegentlich ein Leckerchen zur Belohnung geben und ihn loben.

Wiederholen Sie diese Übung solange, bis Ihr Hund die meiste Zeit mit lockerer Leine läuft. Dabei sollten Sie die Leckerchen nach und nach reduzieren, sonst haben Sie sich schneller als Ihnen lieb ist, eine kleine Tonne gezüchtet. Ersetzen Sie am Anfang jedes zweite Leckerchen mit einigen netten Worten des Lobs. Wenn das gut klappt, gibt es nur noch jedes dritte Mal ein Leckerchen und dazwischen Lob und Streicheleinheiten, bis Sie irgendwann nur noch ein- bis zweimal pro Gassigehen ein Leckerchen geben.

# Weitere Vorgehensweise

Nach dem Abschluss des Trainings, werden Sie mit Ihrem Hund wieder ganz normal Gassi gehen können, aber sehr wahrscheinlich feststellen, dass er leider gelegentlich immer noch an der Leine zieht. Zwar viel seltener als zuvor, aber es wird immer noch vorkommen. Damit Ihr Hund sich auch dieses Zerren abgewöhnt, sollten Sie von nun an folgende Vorgehensweise beim Gassigehen befolgen:

- Loben Sie Ihren Hund zwischendurch immer wieder einmal, wenn er richtig an der Leine geht. Sie können ihm auch ruhig ein- bis zweimal pro Gassigehen ein Leckerchen geben.

- Wenn Sie merken, dass Ihr Hund gleich anfangen möchte, zu ziehen oder er sich immer weiter von Ihnen entfernt, nutzen Sie das Signalgeräusch, um ihn zu sich heranzurufen. Hin und wieder sollten Sie ihm zur Belohnung ein Leckerchen geben, wenn er auf das Signalgeräusch richtig reagiert. Aber nicht jedes Mal, sonst strafft er die Leine bewusst, weil er weiß, dass er dann ein Leckerchen bekommt.

- Wenn der Hund doch einmal zerren sollte, sollten Sie immer sofort stehen bleiben. Danach erzeugen Sie das von Ihnen gewählte Signalgeräusch. Sobald der Hund kommt, gehen Sie einfach in eine andere Richtung mit ihm, als in die, in die er zuvor gezerrt hat. Wenn das klappt, ganz viel Lob.

Sie werden merken, dass die Spaziergänge mit Ihrem Hund jeden Tag ein bisschen angenehmer werden und nach etwa einem Monat sollte das Zerren an der Leine so gut wie vollständig aufgehört haben.

# Häufige Probleme beim Training

## Problem: Mein Hund klettert oder hüpft an mir hoch, um das Leckerchen zu erreichen.

Geben Sie ihm das Leckerchen in Zukunft etwas früher. Wenn Sie solange warten, bis er hoch hüpft oder sich auch nur auf zwei Pfoten stellt, dann warten Sie zu lang. Geben Sie ihm anfangs sein Leckerchen lieber ein wenig zu früh als zu spät.

## Problem: Mein Hund ist schlauer als erwartet und zerrt jetzt an der Leine, weil er weiß, dass ich dann das Signalgeräusch mache und er ein Leckerchen bekommt.

Die Intelligenz unserer Hunde überrascht uns alle immer wieder. Doch die Lösung für dieses Problem ist dennoch simpel. Geben Sie ihm viel seltener ein Leckerchen und loben Sie Ihren Hund nur noch stimmlich oder mit Streicheleinheiten.

## Problem: Mein Hund nimmt das Leckerchen nach dem Signalgeräusch an, um dann sofort wieder weiter zu zerren.

Im Endeffekt fast die gleiche Problematik, wie in der Frage davor. Geben Sie ihm viel seltener ein Leckerchen zur Belohnung und loben Sie den Hund nur noch stimmlich oder mit Streicheleinheiten.

## Problem: Mein Hund interessiert sich nicht für die Leckerchen beziehungsweise mein Hund frisst die Leckerchen nicht.

Ist Ihr Hund manchmal an dem Leckerchen interessiert und manchmal nicht? Dann ist er vermutlich satt, wenn er sie nicht annimmt. Wenn Sie Ihren Hund mit Leckerchen erziehen möchten, sollte er nicht gerade gefressen haben, wenn Sie mit ihm üben. Außerdem ist es wichtig, dass die Leckerchen besonders schmackhaft und schätzenswert sind. Geben Sie ihm auch nicht einfach ohne Grund zwischendurch einmal ein Leckerchen, sonst schätzt er Leckerchen generell nicht mehr als Belohnung.

## Problem: Mein Hund beißt nach einiger Zeit in die Leine. Was heißt das?

Meistens haben Sie einfach zu lange trainiert und sollten eine Pause machen. Spielen Sie zum Abschluss ein wenig mit Ihrem Hund und machen Sie erst am nächsten Tag weiter.

## Problem: Der Hund findet die Currywurstreste von meinem Nachbarn so interessant, dass er nicht auf den Signalton reagiert.

Wenn der Hund zu stark abgelenkt ist oder ein besonders großes Interesse an etwas zeigt, reagiert er unter Umständen er nicht mehr auf das Signalgeräusch. Zwar wird häufiges Training dieses Verhalten weniger werden lassen, aber es wird nie ganz aufhören. Der Hund ignoriert Sie ja nicht, weil er es böse meint, sondern weil irgendetwas anderes einfach zu interessant für ihn ist. Wenn solch ein Fall eintritt, ist leider nur noch Abwarten angesagt.

Versuchen Sie in Zukunft, derartige Situationen durch vorausschauendes Verhalten zu vermeiden oder so gut wie möglich zu umgehen. Wenn der Hund doch Anstalten macht, sich für etwas zu stark zu interessieren und Sie das nicht möchten, erzeugen Sie das Signalgeräusch einfach so früh wie möglich. So haben Sie die beste Chance, damit erfolgreich zu sein, denn das Interesse Ihres Hundes an einer Sache baut sich langsam auf. Dadurch hat man am Anfang noch gute Chancen, ihn mit dem Signalgeräusch ablenken zu können.

## Problem: Ich habe die Empfehlung gelesen, wenn der Hund doch einmal zieht, soll ich kräftig an der Leine ziehen. Warum empfehlen Sie das nicht?

Aus zwei Gründen: Durch das kräftige Rucken an der Leine lernt der Hund, die Leine zu fürchten, anstelle entspannt und locker zu gehen. Außerdem kann ruckartiges Ziehen an der Leine zu schweren Verletzungen beim Hund führen, was leider auch sehr häufig vorkommt. In weniger schlimmen Fällen ist das ein eingeschränktes Sehfeld, aber viel zu oft führt es zur vollständigen Erblindung oder Paralysierung. Es gibt noch eine Vielzahl andere Symptome, die auf das ruckartige Ziehen an der Leine zurückzuführen sind. Daher niemals(!) ruckartig an der Leine ziehen, insbesondere dann nicht, wenn der Hund ein „Halti" trägt.

ISBN 978-3-00-038376-2



1. Auflage 2012

Druck, Bindung und Verarbeitung: Lightning Source UK Ltd., Chapter House, Pitfield, Kiln Farm, Milton Keynes, MK11 3LW

4114207R00141

Printed in Germany
by Amazon Distribution
GmbH, Leipzig